Wellensittiche als Haustiere

Robert Mitchell

Veröffentlichungsdaten

Robert Mitchell

Wellensittiche als Haustiere – Erste Ausgabe.

Zusammenfassung: „Erfolgreiche Pflege und Haltung eines Wellensittichs" – Bereitgestellt vom Verlag.

ISBN: 978-1-961846-49-4

[1. Wellensittiche als Haustiere – Sachbuch] I. Titel.

Dieses Buch wurde mit dem Ziel verfasst, genaue und verlässliche Informationen zum behandelten Thema bereitzustellen. Trotz sorgfältiger Vorbereitung lehnen Autor und Verlag ausdrücklich die Verantwortung für etwaige Fehler, Auslassungen oder negative Auswirkungen ab, die durch die Anwendung der enthaltenen Informationen entstehen könnten. Die vorgestellten Techniken und Vorschläge sollten nach eigenem Ermessen genutzt werden und ersetzen keinesfalls die professionelle tierärztliche Betreuung. Bei gesundheitlichen Problemen Ihres Vogels konsultieren Sie bitte Ihren Tierarzt oder einen auf Vögel spezialisierten Veterinär.

Entworfen von Sorin Rădulescu

Erste deutsche Ausgabe, 20252025

Inhaltsverzeichnis

EINLEITUNG

Vögel haben mich schon immer fasziniert und unterhalten, doch keiner mehr als der fröhliche kleine Wellensittich. Unser erstes Haustier war ein Wellensittich, den meine Eltern als Geschenk von einem älteren Paar erhielten, das Wellensittiche in ihrer kleinen Voliere in Süddeutschland züchtete. Ich war noch nicht einmal zwei Jahre alt, als wir unseren gefiederten Begleiter bekamen, und ich habe nur eine vage Erinnerung an diesen ersten von vielen Wellensittichen, die ich im Laufe der Jahre kennenlernen würde. Aber er muss damals einen ziemlichen Eindruck auf mich gemacht haben. Meine Mutter gestand mir einmal mit einem Hauch von Enttäuschung, dass meine ersten Worte „Hallo Vogel" waren.

Was macht Wellensittiche so anziehend für Kinder und Erwachsene auf der ganzen Welt? Nun, viele Menschen sind überrascht, wie viel Persönlichkeit diese Vögel wirklich haben. Wellensittiche sind äußerst so-

ziale Wesen und von Natur aus darauf programmiert, mit anderen Mitgliedern ihres Schwarms zu interagieren, einschließlich ihrer menschlichen Betreuer. Aufgrund ihrer Größe sind Wellensittiche relativ günstig in der Anschaffung, benötigen nicht so viel Platz wie größere Haustiere und sind leicht in der Pflege. Wellensittiche sind außerdem extrem intelligent. Man kann ihnen beibringen, Spiele zu spielen, verschiedene Kunststücke vorzuführen, auf deiner Schulter zu sitzen und sogar die menschliche Sprache nachzuahmen.

Wellensittiche bereichern das Leben ihrer Besitzer auf viele verschiedene Arten, aber die Vorteile der Haustierhaltung bringen auch einige Verantwortungen mit sich. Wie andere Haustiere benötigen Wellensittiche eine angemessene Ernährung, körperliche Bewegung, geistige Anregung und eine komfortable Umgebung, um glücklich und gesund zu bleiben. Dieses Buch wurde geschrieben, um den Lesern einen guten Ausgangspunkt für alle Aspekte der Wellensittichpflege zu geben, einschließlich des Kaufs des richtigen Vogels, der Einrichtung des Käfigs, der Fütterung und Handhabung, der Gesundheit und der Zucht von Wellensittichen.

Egal, ob du mehr über Wellensittiche erfahren möchtest, bevor du einen in dein Zuhause bringst, oder ob du bereits einen Wellensittich hast und wissen möchtest, wie du deinem Vogel das bestmögliche Leben bieten kannst: Dieses Buch wird dir die wesentlichen Informationen und die fachkundige Anleitung geben, die du brauchst.

KAPITEL 1

Was ist ein Wellensittich?

Von Australien über England nach Deutschland

Ursprung und Geschichte des Wellensittichs

Der Wellensittich gehört zu den beliebtesten Haustieren der Welt. Diese kleinen Mitglieder der Papageienfamilie sind liebevoll und verspielt, leicht zu trainieren und wunderbare Begleiter für Kinder und Erwachsene gleichermaßen. Heute ist es schwer, sich die Welt ohne diese lebhaften kleinen Vögel vorzustellen, aber vor 200 Jahren waren sie außerhalb ihres Heimatlandes Australien praktisch unbekannt.

Der englische Zoologe George Shaw verfasste die erste wissenschaftliche Beschreibung des Wellensittichs. Während er ein Vogelexemplar in der naturhistorischen

Abteilung des Britischen Museums untersuchte, erkannte Shaw, dass er eine einzigartige Art vor sich hatte. Er nannte den Vogel einen „gewellten Sittich". 1805 veröffentlichte er seine Beschreibung zusammen mit einer farbigen Illustration in einer Fachzeitschrift.

Viele Jahre später gab der renommierte Ornithologe John Gould dem Wellensittich seinen vollständigen binominalen Namen: Melopsittacus undulatus, was „Singpapagei mit welligen Linien" bedeutet. Der im Englischen gebräuchliche Name „Budgerigar" entstammt der Sprache der Aborigines und wurde von Gould zunächst als „Betcherrygah" transkribiert. Obwohl viele Menschen diesen klugen kleinen Vogel als Sittich bezeichnen, dient diese

WUSSTEN SIE?
Wellensittichvereine und -verbände

Wellensittiche gehören zu den beliebtesten Ziervögeln Deutschlands. Daher ist es nicht verwunderlich, dass es einige große Verbände gibt, aber auch viele lokale Vereine und Zusammenschlüsse von Liebhabern und Züchtern. Die mit Abstand größte Vereinigung (Stand: Juni 2025) ist die DSV, die Deutsche Standard-Wellensittich-Züchter Vereinigung e. V., die auch über eine Vielzahl an Ortsgruppen verfügt. Die DSV wurde bereits 1959 gegründet und ist auch Gründungsmitglied der World Budgerigar Organisation (WBO). Mehr Informationen über den Verein und weitere Informationen (z. B. über neue Produkte oder anstehende Veranstaltungen) findest du auf https://dsv-ev.de

Bezeichnung eigentlich als Oberbegriff für etwa 115 Arten kleiner, samenfressender Papageien mit langen, spitz zulaufenden Schwänzen und schlanken Körpern. Um Verwirrung zu vermeiden, verwendet dieses Buch die Bezeichnungen „Wellensittich" oder kurz „Welli" für diese kleinen australischen Papageien.

Es war ebenfalls John Gould, der den Wellensittich erstmals Vogelliebhabern in Europa vorstellte. 1838 segelten John und seine Frau Elizabeth nach Australien, um dort einheimische Vögel zu studieren und ein umfassendes Buch zu diesem Thema zu schreiben. Elizabeth, eine begabte Künstlerin, begleitete ihren Mann als Buchillustratorin. Das Ergebnis ihrer Zusammenarbeit war „The Birds of Australia", das zwischen 1840 und 1848 in sieben Bänden veröffentlicht wurde. Unter den vielen

Illustrationen, die Elizabeth und weitere Illustratoren beisteuerten, war ein wunderschönes farbiges Porträt von wilden Wellensittichen, die Grassamen fressen. Als die Goulds 1840 nach London zurückkehrten, brachten sie ein Paar Wellensittiche mit, die von Elizabeths jüngerem Bruder Charles Coxen aufgezogen worden waren. John Gould beschrieb die Vögel als „die lebhaftesten, fröhlichsten kleinen Geschöpfe, die man sich vorstellen kann". Die Vögel ließen sich relativ leicht in Gefangenschaft züchten und wurden bald zu modischen Haustieren in den Anwesen der Wohlhabenden.

Als Wellensittiche in England und ganz Europa weit verbreitet waren, wurden sie zu Tausenden aus Australien exportiert, um die wachsende Nachfrage zu decken. Die Besorgnis über die große Anzahl von Wellensittichen, die gefangen und aus dem Land verschifft wurden, veranlasste die australische Regierung, ihren Export 1894 zu verbieten. Zu diesem Zeitpunkt versorgten Volieren in Europa bereits den Markt mit den entzückenden kleinen Vögeln. Züchter produzierten derweilen Wellensittiche mit Farbvariationen, die sich stark von dem natürlichen grün-gelben Gefieder unterschieden, das ihnen in freier Wildbahn half, sich vor Raubtieren zu verbergen.

In den 1920er Jahren kamen die ersten Wellensittiche nach Deutschland, und in den 1950er und 1960er Jahren waren sie als Haustiere so verbreitet, dass sie manchmal auf Prominentenfotos neben ihren berühmten Besitzern zu sehen waren. Wellensittiche wurden in den Häusern von Schauspielern wie Heinz Rühmann und Romy Schneider gesichtet und waren auch bei vielen deutschen Politikern beliebte Haustiere.

Wilde Wellensittiche in Australien

Ein Großteil unseres Wissens über Wellensittiche stammt von Züchtern und Vogelliebhabern, die sie in Gefangenschaft studieren. Aber Biologen, die wilde Wellensittiche in ihrer natürlichen Umgebung beobachten, haben uns faszinierende Einblicke in ihre Lebenszyklen und ihr Verhalten gegeben.

Der natürliche Lebensraum des Wellensittichs ist Zentralaustralien, wo sie meist in Grasland, Buschland und offenen Waldgebieten zu finden sind. Da Regenfälle in diesen trockenen und halbtrockenen Landschaften oft unregelmäßig sind, haben sich die Wellensittiche zu Nomaden entwikkelt und durchstreifen einen Großteil des Kontinents auf der ständigen Suche nach Nahrung und Wasser. Wenn eine Wasserquelle austrocknet oder wenn Grashalmsamen in einem Gebiet erschöpft sind, reisen Wellensittiche in großen Schwärmen und legen weite Strecken zurück, um dem Regen zu folgen und nach reifenden Graslandschaften zu suchen. Obwohl Wellensittiche echte Nomaden sind, werden ihre Bewegungen dennoch von den Jahreszeiten beeinflusst: Sie fliegen im Sommer wahr-

scheinlich nach Norden, um dem Monsunregen zu folgen, und im Winter nach Süden, um saisonalen Regenfällen nachzujagen.

Ein typischer Schwarm von Wellensittichen kann aus einigen wenigen bis zu mehr als hundert Vögeln bestehen, aber nach starken Regenfällen verschmelzen diese wandernden Schwärme manchmal zu einer massiven Wolke mit Zehntausenden von Vögeln, die alle im Einklang herumwirbeln.

Wilde Wellensittiche sind etwas kleiner als in Gefangenschaft gezüchtete. Im Durchschnitt sind sie etwa 18 Zentimeter lang und wiegen etwas mehr als 30 Gramm. Ihr natürliches Gefieder ist hellgrün mit einem gelben Kopf und schwarzen Wellenmarkierungen an Hals, Rücken und Flügeln. Diese Farbkombination hilft, sich vor Raubtieren wie Habichten und Falken zu tarnen, wenn Wellensittiche auf Bäumen sitzen oder am Boden fressen. In freier Wildbahn trinken Wellensittiche gewöhnlich früh am Morgen Wasser, bevor sie mit der Nahrungssuche beginnen. Sie trinken manchmal im Flug, um Raubtieren auszuweichen, die in der Nähe einer Wasserstelle lauern. Schnell schlucken sie dann das Wasser und fliegen innerhalb weniger Sekunden davon.

Wellensittiche ernähren sich hauptsächlich von den Samen und Körnern von Gräsern und krautigen Pflanzen, fressen aber auch verschiedene Früchte, Beeren, Nüsse, Blätter und kleine Insekten. Um zu vermeiden, dass sich ihre Kröpfe mit unverdaulichem Material füllen, nutzen sie ihren spezialisierten Schnabel und ihre Zunge, um die äußere Hülle eines Samens zu entfernen, bevor sie den Kern schlucken. Der Oberschnabel ist länger als der Unterschnabel, und der Wellensittich benutzt seine flexible Zunge, um einen Samen zwischen den beiden Teilen des Schnabels zu rollen, bis die Hülle aufplatzt und abfällt.

Wellensittiche sind äußerst gesellige Geschöpfe. Nach dem Fressen und Trinken suchen sie gemeinsam in der Mittagszeit einen schattigen Platz zum Ausruhen. Bei diesen sozialen Anlässen pflegen sie sich oft gegenseitig das Gefieder und zwitschern ständig, um andere Schwarmmitglieder zu beruhigen oder Alarm zu schlagen, falls ein Raubtier gesichtet wird.

Die Brut kann zu jeder Jahreszeit stattfinden, aber wilde Wellensittiche versammeln sich normalerweise in Kolonien zur Brut, wenn Nahrung und Wasser reichlich vorhanden sind und die Bedingungen für die Aufzucht ihrer Jungen günstiger sind. Wenn ein Schwarm ein geeignetes

Nistgebiet findet, beginnen die Vögel mit der Paarung und dem Nestbau. Wilde Wellensittiche behalten oft denselben Partner über mehrere Brutperioden hinweg. Ein Männchen versucht, ein Weibchen zu beeindrucken, indem es sich neben sie setzt und singt, und die beiden Vögel putzen sich gegenseitig. Während der Balz bewegt das Männchen seinen Kopf auf und ab und bietet dem Weibchen hochgewürgtes Futter an, um sein Potenzial als Versorger zu demonstrieren.

Foto Von Diana Cook

Das Weibchen wählt den Nistplatz. Normalerweise handelt es sich dabei um eine Höhle in einem Baumstamm, einen gut positionierten Ast oder einen auf dem Boden liegenden Baumstumpf. Das Weibchen benutzt ihren Schnabel, um als Eingang zum Nest eine runde oder ovale Öffnung von etwa drei bis sechs Zentimetern zu formen. Der Eingang ist gerade groß genug, damit ein Wellensittich hindurchschlüpfen kann, aber klein genug, um Raubtiere davon abzuhalten, einzudringen und die Eier oder Küken zu fressen. Das Weibchen bedeckt möglicherweise auch den Boden des Nests mit weichen Holzspänen, Blättern oder Federn. Trotz der besten Bemühungen des Weibchens, einen sicheren Zufluchtsort für ihre Brut zu schaffen, arbeiten sich manchmal Braunschlangen und Pythons in Nester, die näher am Boden liegen, und fressen neugeborene Küken.

Das Weibchen legt an abwechselnden Tagen vier bis acht weiße Eier und übernimmt die volle Verantwortung für deren Bebrütung. Sie sitzt allein auf dem Gelege und verlässt sich darauf, dass das Männchen auf Nahrungssuche geht und ihr Futter bringt. Nach etwa 18 Tagen beginnen die Eier zu schlüpfen. Dies geschieht in einem Rhythmus von einem Ei an jedem zweiten Tag, sodass jedes der Küken im selben Nest sich in einem anderen Wachstumsstadium befindet.

Wellensittichküken sind blind und nackt, wenn sie schlüpfen, und in den ersten Tagen füttert das Weibchen sie mit einem proteinreichen Sekret, das als Kropfmilch bezeichnet wird und voller Antikörper und Nährstoffe ist. Das Weibchen füttert zuerst die jüngeren Küken und dann die älteren. Sie versorgt instinktiv jede Altersgruppe mit der angemessenen Nahrung.

Die Küken öffnen ihre Augen, wenn sie 10 Tage alt sind. In diesem Stadium sind sie mit weichem Flaum bedeckt. In der Zwischenzeit sucht das Männchen weiterhin nach Nahrung, um seine wachsende Familie zu versorgen. Wenn sein Kropf voll ist, kehrt er zum Nest zurück, um Futter für seine Partnerin hochzuwürgen, die wiederum die Küken füttert. Nachdem die Küken etwa drei Wochen alt sind, beginnt das Männchen, sie direkt zu füttern, es sei denn, das Weibchen besteht darauf, sie weiterhin selbst zu füttern.

Etwa 30 bis 40 Tage nach dem Schlüpfen haben die Jungvögel Flügel- und Schwanzfedern entwickelt und sind nun flugfähig. Die Elternvögel rufen ihre Jungen und ermutigen sie, das Nest zu verlassen, und eine neue Generation von Wellensittichen ist bald bereit, sich dem Schwarm anzuschließen.

Die moderne Beliebtheit von Wellensittichen

Kurz nachdem sie in den 1840er Jahren erstmals nach Europa kamen, eroberten Wellensittiche die Herzen ihrer Besitzer. Aber was macht diese taschengroßen Papageien zu den beliebtesten Ziervögeln der Welt? Wellensittiche haben eine Reihe von Eigenschaften, die Menschen ansprechend finden, darunter ihre kompakte Größe, ihr farbenprächtiges Gefieder, ihre Intelligenz, ihr fröhliches Wesen und ihre Fähigkeit, menschliche Sprache nachzuahmen.

Wellensittiche gelten als ausgezeichnete Anfängervögel für Menschen, die Vögel lieben und darüber nachdenken, einen als Haustier zu adoptieren. Da sie klein sind, benötigen Wellensittiche nicht viel Platz. Ein guter Käfig und einige Spielzeuge und Zubehörteile sind alles, was nötig ist, um sie unterzubringen. Dadurch sind Wellensittiche eine ausgezeichnete Wahl, wenn größere Haustiere nicht in Frage kommen oder Besitzer in einer kleineren Wohnung leben. Wellensittiche sind auch relativ günstig in der Anschaffung und Haltung. Ihre Hauptnahrung besteht aus Samen und kleinen Portionen frischem Grün und Gemüse, sodass ihre Fütterung das Familienbudget nicht belastet.

Obwohl das natürliche Gefieder des wilden Wellensittichs überwiegend grün und gelb ist, haben Züchter Vögel in einer scheinbar endlosen Vielfalt von Farben hervorgebracht, um ihre Besitzer zu erfreuen. In Gefangenschaft aufgezogene Wellensittiche sind häufiger in einer Kombination aus grünen und gelben oder blauen und weißen Federn zu sehen, aber es gibt mittlerweile rund 30 anerkannte Farbkombinationen in Tönen, die von satten und hellen Farben bis hin zu sanften Pastelltönen reichen.

Wie andere Mitglieder der Papageienfamilie sind Wellensittiche für ihre Größe bemerkenswert intelligent. Forscher haben festgestellt, dass Wellensittiche einen hochentwickelten Intellekt haben und sogar Problemlösungsfähigkeiten zeigen. Ähnlich wie Katzen und Hunde können Wellensittiche ihre Besitzer erkennen, Namen lernen, die ihre Besitzer ihnen geben, und können darauf trainiert werden, auf Zuruf zu kommen. Man kann ihnen auch Tricks beibringen und mit ihnen komplexere Spiele spielen. Wellensittiche können lernen, auf deinem Finger zu sitzen, eine Leiter hinaufzuklettern, durch einen Tunnel zu laufen, kleine Gegenstände zu apportieren und mit einem kleinen Spielball zu spielen.

Wellensittiche sind anhänglich und binden sich leicht an ihre menschlichen Besitzer. Sie sind von Natur aus neugierig und verspielt, was sie zu fröhlichen Begleitern für alle Altersgruppen macht. Erstbesitzer von Wellensittichen sind oft überrascht, wie viel individuelle Persönlichkeit sie zeigen.

> 66
> *Wellensittiche sind ein tolles Haustier für Anfänger. Sie sind klein, ziemlich ruhig und pflegeleicht. Jeder Wellensittich hat seine eigene Persönlichkeit und sie können auch sprechen lernen. Sie können schnell zu deinem besten Freund werden.*
>
> JENNIFER TAYLOR
> *Jennifers Wellensittiche, Ontario, Kanada*
> 99

Wellensittiche gehören zu den fünf besten Papageienarten, die menschliche Sprache nachahmen können, und teilen sich diese Auszeichnung mit Graupapageien, Amazonenpapageien, Edelpapageien und Halsbandsittichen. Nicht alle Wellensittiche haben eine so beeindruckende Sprachbegabung! Männliche Wellensittiche neigen eher zum Sprechen als weibliche, aber allein einem Ziervogel beizubringen, ein paar Wörter oder Sätze zu sagen, kann großen Spaß machen.

Anatomie des Wellensittichs

Körperform und Größe

Wellensittiche sind kleine, samenfressende Papageien mit langen Schwanzfedern und stromlinienförmigen Körpern. Obwohl alle Wellensittiche aus Australien stammen und zur selben Art, Melopsittacus undulatus, gehören, hat die selektive Zucht in Gefangenschaft zwei grundlegende Typen von Ziervögeln hervorgebracht, die sich in Farbe und Körpergröße von ihren wilden Verwandten unterscheiden.

Der deutsche Wellensittich, der von den meisten Züchtern und Zoohandlungen angeboten wird, ist etwas größer als sein wilder Artgenosse. Im Durchschnitt ist er 18 bis 20 Zentimeter lang und wiegt etwa 30 bis 40 Gramm. Deutsche Wellensittiche sind aktive Vögel und leben bei richtiger Pflege typischerweise zwischen 7 und 14 Jahren in Gefangenschaft.

Im Gegensatz dazu ist der englische Wellensittich ein viel größerer Vogel, der für Shows und Ausstellungen gezüchtet wurde. Englische Wellensittiche sind etwa 25 bis 30 Zentimeter lang, und ihr durchschnittliches Gewicht liegt zwischen 45 und 60 Gramm. Diese Vögel sehen majestätischer aus als ihre deutschen Artgenossen und haben größere, rundere Köpfe und flauschigere Federn. Englische Wellensittiche sind außerdem ruhigere Vögel. Dafür ist ihre Lebenserwartung mit fünf bis sieben Jahren vergleichsweise kurz.

Die Grundteile der Anatomie deines Wellensittichs zu kennen, kann sehr hilfreich sein, wenn du mit anderen Vogelbesitzern sprichst oder einen Tierarzt konsultierst.

Schnabel: Der Schnabel besteht aus dem oberen und dem unteren Schnabelteil. Der Oberschnabel ist spitz und länger als der Unterschnabel. Die Form des Schnabels macht ihn zu einem idealen Werkzeug zum Knacken und Enthülsen von Samen.

Brust: Die Brust ist der obere, vordere Teil des Vogels direkt unterhalb des Halses.

Wachshaut: Die Wachshaut ist das fleischige Gewebeband über dem Schnabel, das die Nasenlöcher umgibt. Die Farbe der Wachshaut ändert sich beim Heranwachsen junger Vögel und kann ein guter Indikator für das Geschlecht sein. Ausgewachsene Männchen haben normalerweise eine dunkelblaue Wachshaut, und ausgewachsene Weibchen haben normalerweise eine weiße, beige oder braune Wachshaut.

Hinweis:

Männchen mit dunkelblauer Wachshaut ist zutreffend für Vögel, die hauptsächlich grün oder blau sind, aber das gilt nicht für viele Mutationen wie Albino oder Lutino zum Beispiel. Bei diesen Vögeln ist die Wachshaut der Männchen eher rosa als blau.

Wangenfleck: Der Wangenfleck ist der dreieckige Fleck aus blauen, grauen, silbernen oder violetten Federn auf der Wange direkt unter dem Auge. Diese Federn reflektieren ultraviolettes Licht und spielen während der Balz eine wichtige Rolle.

Kloake: Die Kloake ist eine Öffnung direkt unter dem Schwanz, die als gemeinsamer Auslass für die Fortpflanzungs-, Darm- und Harnwege der Vögel dient. Bei der Paarung drücken Vögel ihre Kloaken kurzzeitig zusammen, um Spermien vom Männchen auf das Weibchen zu übertragen.

Kropf: Der Kropf ist ein muskulöser innerer Beutel, der sich oben an der Brust befindet. Er ist Teil des Verdauungssystems eines Vogels, der vorübergehend Nahrung speichert und vorverdaut, bevor sie in den

Magen gelangt. Wellensittiche würgen Futter aus ihrem Kropf hoch, um ihren Partner oder ihre heranwachsenden Küken zu füttern.

Scheitel: Die Oberseite des Kopfes wird als Scheitel bezeichnet.

Ohren: Man kann sie nicht sehen, aber Wellensittiche haben kleine flache Löcher für Ohren, die sich auf jeder Seite des Kopfes unter den Augen befinden. Die Ohren werden durch zarte Federn geschützt, die als Ohrdecken bezeichnet werden.

Augen: Wellensittiche haben ein viel besseres Sehvermögen als Menschen und sie können auch ultraviolettes Licht sehen. Die Augen befinden sich auf beiden Seiten des Kopfes und bieten ihnen ein Sichtfeld von etwa 300 Grad, was ihnen hilft, Raubtiere zu erkennen.

Füße: Die Füße des Wellensittichs sind zygodaktyl, was bedeutet, dass zwei Zehen nach vorne und zwei Zehen nach hinten zeigen. Dies ist die zweithäufigste Zehenanordnung bei Sperlingsvögeln und bietet mehr Geschicklichkeit beim Greifen und Bewegen von Ast zu Ast in einem Baum.

Mantel: Der dreieckige Bereich des Rückens zwischen der Oberseite der Flügel wird als Mantel bezeichnet.

Maske: Der Bereich des Gesichts unter dem Schnabel wird als Kinn bezeichnet.

Nacken: Der Nacken ist die Rückseite des Halses.

Nasenlöcher: Die Nasenlöcher befinden sich oben am Schnabel.

Handschwingen: Die langen Flugfedern am äußeren Rand des Flügels sind die Handschwingen. Im Flug, wenn die Flügel ausgestreckt sind, sind die Handschwingen am weitesten vom Körper entfernt. Diese Federn sind für den Vorwärtsantrieb eines Vogels und die Steuerung der Richtung verantwortlich. Wellensittiche haben 10 Handschwingen an jedem Flügel.

Armschwingen: Die kürzeren Flugfedern am inneren Rand des Flügels sind die Armschwingen. Diese Federn bleiben während des Fluges eng beieinander, um dem Vogel zu helfen, sich in der Luft zu halten, indem sie ihm Auftrieb geben. Wellensittiche haben 11 Armschwingen an jedem Flügel.

Bürzel: Der Bürzel ist der Bereich über dem Schwanz am unteren Rücken. Hier befindet sich die Bürzeldrüse. Diese Drüse produziert ein spezielles Öl, das Vögel verwenden, um ihre Federn wasserdicht zu machen und ihren Schnabel geschmeidig zu halten. Wellensittiche reiben ihren Kopf und Schnabel an dieser Drüse und übertragen dann das Öl auf ihre Federn und ihren Körper.

Schulter: Die Schulter ist die Oberseite des Flügels neben dem Rücken.

*Foto Von
Alisha Morton*

Kehle: Die Kehle ist der Bereich unter dem Schnabel, der bis zur Brust reicht.

Flecken: Dies sind die kreisförmigen schwarzen Flecken entlang der Basis der Maske. Junge Wellensittiche haben oft kleine, unregelmäßige Flecken. Ausgewachsene Vögel haben deutlichere, rundere Flecken.

Die Bedeutung von Federn und Farben

Federn bedecken die Körper aller Vögel und ermöglichen ihnen das Fliegen. Sie helfen Vögeln auch, warm und trocken zu bleiben, tarnen sie vor Raubtieren und spielen eine wichtige Rolle bei der Balz. Um diese Bedürfnisse alle zu erfüllen, sind verschiedene Arten von Federn in einer Vielzahl von Formen und Größen erforderlich. Ein gesunder Wellensittich hat in etwa 2.000 bis 3.000 Federn.

Es gibt zwei grundlegende Arten von Federn, die aber alle aus Keratin bestehen, demselben Protein, aus dem die Haut, der Schnabel und die Zehennägel eines Vogels bestehen.

Die größeren Federn am Rücken, an den Flügeln und am Schwanz werden als Konturfedern bezeichnet. Die auffälligeren Konturfedern sind die Hand- und Armschwingen an den Flügeln und die Steuerfedern am Schwanz. Die Steuerfedern helfen, während des Fluges die Richtung zu bestimmen, und dienen als Bremse, wenn der Vogel landet.

Die kleineren, flauschigeren Federn, die der Haut am nächsten sind, werden als Daunenfedern bezeichnet und bedecken hauptsächlich Brust und Bauch. Die Struktur der Daunenfedern hilft, Luft in der Nähe der Haut einzufangen und den Körper gegen Wärmeverlust zu isolieren.

Um ihre Federn in Topzustand zu halten, werfen Vögel ihre abgenutzten oder beschädigten Federn ab und ersetzen sie durch neue, indem sie mausern. Erwachsene Wellensittiche mausern normalerweise einmal im Jahr, aber einige mausern alle sechs Monate. Es ist normal, dass deinem Wellensittich während der Mauser einige Federn fehlen. Solltest du jedoch große kahle Stellen bemerken, konsultiere einen Vogeltierarzt. Achte darauf, deinem Wellensittich während der Mauser eine gesunde, ausgewogene Ernährung zu bieten, damit er alle notwendigen Nährstoffe hat, damit schöne neue Federn wachsen.

Obwohl Wellensittiche in einer breiten Palette von Farben vorkommen, sind zwei grundlegende Komponenten für einen Großteil dieser erstaunlichen Vielfalt verantwortlich. Die erste ist das Pigment und die zweite ist die mikroskopische Struktur der Federn selbst. Fast alle Wellensittiche haben entweder gelbes Pigment in ihren Federn und werden als gelbgrundige Vögel klassifiziert, oder sie haben dieses Pigment nicht und werden als weißgrundige Vögel klassifiziert. Es ist üblicher, dass gelbgrundige Vögel eine Kombination aus

ÜBRIGENS:
Sprechfreudiger Vogel

Ein Wellensittich namens Puck hält den Guinness-Weltrekord für den Vogel mit dem größten Wortschatz. Puck lebte in Kalifornien bei seiner Besitzerin Camille Jordan und lernte 1.728 Wörter, bevor er 1994 starb.

grünen und gelben Federn haben und weißgrundige Vögel eine Kombination aus blauen und weißen Federn. Die meisten Wellensittiche haben auch eine strukturelle blaue Farbe in ihren Körperfedern, die durch die Art und Weise entsteht, wie Licht von der mikroskopischen Struktur der Federn reflektiert wird. Es gibt eine weitere Komponente, die den Farbton beeinflusst, den sogenannten Dunkelfaktor. Dieser ist dafür verantwortlich, wie hell oder wie dunkel die verschiedenen Farben erscheinen.

Das Thema der Farbmutationen bei Wellensittichen kann ziemlich komplex werden, aber im Folgenden findest du eine sehr einfache Erklärung, wie diese Pigment- und Strukturkomponenten kombiniert werden, um eine so breite Farbvielfalt zu erzeugen.

Wenn ein Künstler gelbe und blaue Farbe mischt, erscheint die Mischung grün. In ähnlicher Weise erscheinen die Federn grün, wenn ein Wellensittich Federn hat, die gelbes Pigment und eine strukturelle blaue Farbe enthalten. Wenn Federn gelbes Pigment enthalten, aber keine strukturelle blaue Farbe haben, erscheinen sie gelb. Ebenso erscheinen Federn blau, wenn ihnen gelbes Pigment fehlt, sie aber eine strukturelle blaue Farbe enthalten. So entsteht die Vielfalt der Wellensittich-Farbmutationen aus mehreren Grundkomponenten.

Sprechen

Wilde Wellensittiche geben ständig eine Vielzahl an Geräuschen von sich. Dies dient der Kommunikation mit anderen Schwarmmitgliedern. Auf diese Weise schlagen sie auch Alarm, wenn Gefahr auftaucht. Dein Wellensittich wird sich in ähnliche „Schwarmgespräche" engagieren, um mit dir und anderen, die er als Teil der Familie betrachtet, in Kontakt zu bleiben, was sogar Nicht-Wellensittich-Haustiere einschließen könnte.

Wellensittiche sind nicht so extrem laut wie einige Papageienarten und gelten als einer der ruhigsten Ziervögel. Die meisten Menschen empfinden ihr Zwitschern und Trällern als angenehme, fröhliche Bereicherung für das Zuhause. Aber sie sind dennoch sehr stimmfreudig und wenn es Umgebungsgeräusche oder Gespräche im Raum gibt, werden sie sich wahrscheinlich daran beteiligen.

Sie sind wunderbare Nachahmer und imitieren oft die üblichen Geräusche, die sie in ihrer Umgebung hören, einschließlich quietschender Türen, Mikrowellenherde und klingelnder Handys. Einige Wellensittiche haben sogar gelernt, eine überzeugende Imitation der Pfiffe und Pieptöne zu produzieren, die die Roboter im Science-Fiction-Film ihres Besitzers machen. Wellensittiche können auch ausgezeichnete Sprecher sein, aber ihr Interesse und ihre Fähigkeit zu sprechen variieren von Vogel zu Vogel. Wir werden das Lehren von Sprache in Kapitel 6 besprechen.

Vom Küken zum erwachsenen Vogel

Wellensittiche schlüpfen normalerweise nach 18 bis 23 Tagen Brutzeit. Die Eier im selben Gelege schlüpfen aber nicht alle zur gleichen Zeit. Sie schlüpfen einzeln etwa jeden zweiten Tag in der Reihenfolge, in der sie gelegt wurden, sodass das erste Küken etwa 10 Tage alt sein könnte, wenn das letzte der Küken aus der Schale schlüpft.

Es erfordert große Anstrengung für ein Wellensittichküken, sich aus der Schale herauszupicken. Etwa 24 Stunden vor dem Schlüpfen beginnen Wellensittichküken, zwitschernde Geräusche zu machen und von innen gegen die Schale zu klopfen, um sich zu befreien. Dabei nutzen sie einen scharfen Vorsprung an ihrem Oberschnabel, der als „Eizahn" bezeichnet wird. Das Weibchen reagiert auf diese Geräusche, indem es die Eier im Gelege häufiger überprüft. Ein Küken pickt weiterhin um das Ende des Eies in einem Kreis, bis es sich zu öffnen beginnt. Mit einem letzten Schub seiner winzigen Beine und Flügel schlüpft das Küken aus der Schale.

Blind und nackt sehen Wellensittichküken ganz anders aus als Hühnerküken oder die erwachsenen Vögel, zu denen sie werden. Ihre Augen sind geschlossen, und ihre Hälse sind zu schwach, um ihre Köpfe zu halten. Am sechsten oder siebten Tag öffnen sich ihre Augen und ihre Hauptfedern beginnen zu erscheinen.

Das Weibchen füttert die Küken für die ersten 21 Tage. Während dieser Zeit unterstützt das Männchen das Weibchen, indem es regelmäßig hochgewürgtes Futter aus seinem Kropf füttert, damit sie das Nest nicht verlassen muss. Nach den ersten Wochen hilft das Männchen oft dem Weibchen, indem es die Küken direkt füttert, bis sie mit etwa sechs

Wochen vollständig entwöhnt sind.

Wellensittiche sind bereit, das Nest zu verlassen, wenn sie etwa vier oder fünf Wochen alt sind, aber sie erreichen ihre volle Reife erst mit etwa acht Monaten. Mit vier oder fünf Wochen sind sie Jungvögel. Ihr Aussehen unterscheidet sich noch deutlich von erwachsenen Vögeln bis zu ihrer ersten Mauser, die mit etwa drei oder vier Monaten stattfindet. Die Augen eines Jungvogels sind vollständig dunkel, ohne die hellere Iris um die Pupillen erwachsener Vögel. Die Federn helfen auch, einen Jungvogel von einem erwachsenen Vogel zu unterscheiden: Junge Wellensittiche haben Streifen oder Balken über den ganzen Kopf und bis zur Basis des Oberschnabels. Aber nach der ersten Mauser werden die gestreiften Federn auf der Kappe – oder Oberseite des Kopfes – durch einfarbige weiße oder gelbe Federn ersetzt.

Expertenrat:

Sind Wellensittiche gute Haustiere für Einsteiger?

Wellensittiche gelten als ideale Haustiere für Vogelneulinge aufgrund ihrer handlichen Größe, unkomplizierten Pflege und lebhaften Persönlichkeit. Experten betonen den geringen Platzbedarf und ihre Interaktivität bei Handaufzucht. Wellensittiche können Tricks lernen und sprechen, was Unterhaltung und Gesellschaft für alle Altersgruppen bietet. Ihre leuchtenden Farben und die Möglichkeit einer starken Bindung zum Halter machen die Wellensittichhaltung zu einer bereichernden Erfahrung.

" *Wellensittiche sind großartige Haustiere für Vogelanfänger, weil sie viel für den geringen Preis bieten. Ihre Unterbringung nimmt relativ wenig Platz ein. Sie in-teragieren intensiv mit Menschen, wenn sie von Hand aufgezogen wurden. Oft lernen sie ihre eigenen 'Tricks' und können auch sprechen. Wellensittiche bieten ihren Besitzern, ob Kinder, Erwachsene oder Senioren, großartige Unterhaltung und Gesellschaft"*

SUSAN M. ANDRESEN,
Bull City Budgies

" *Wellensittiche können definitiv gute Haustiere für Anfänger sein, wenn du dir Zeit nimmst, ihr Verhalten und die Pflegeanforderungen zu recherchieren! Wellensitti-che sind zwar klein, aber äußerst aktive und stimmfreudige Vögelchen. Es ist gut, sich der Geräuschkulisse bewusst zu sein, denn obwohl der Lärmpegel nicht ext-rem hoch ist, kann er ziemlich konstant sein. Sie sind auch nicht die kuscheligste Vogelart und neigen dazu, nicht lange an einem Ort zu verweilen, da sie gerne in Bewegung sind. Wenn du ein aktives und gesprächiges Haustier magst, könnte ein Wellensittich eine großartige Ergänzung sein. Männliche Wellensittiche können auch sehr gut sprechen lernen, wenn du Zeit und Mühe investierst"*

SHANNON COCHRAN,
Chesapeake Aviary

66 Wellensittiche gehören zu den am meisten unterschätzten Heimvögeln. Wenn du einen lieben, handaufgezogenen oder handzahmen Wellensittich bekommst, sind dir Jahre voller Liebe, Lachen und ständiger Unterhaltung garantiert. Sie sind wunderbare Vögel für Anfänger, aber denk daran, dass es bei jedem Vogel, den du als erstes Haustier wählst, immer Lernkurven, Frustrationen und Herausforde-rungen geben wird. Wellensittiche haben trotz ihrer geringen Größe eine riesige Persönlichkeit und können voller Liebe und Trotz sein. Sie können wahre Energie-bündel sein, aber auch die besten kleinen Couchpotatos. Mit der richtigen Zeit und Pflege wirst du dich mit deinem Wellensittich nie langwei-len. Sie sind hochintelli-gent, binden sich sehr stark an ihre Menschen und können sehr gut sprechen ler-nen"

MISTY MARUSKA & MELODY MARUSKA,

Parrots N Stuff

66 Wellensittiche sind ausgezeichnete Haustiere für Vogelanfänger, weil sie relativ pflegeleichte Vögel sind, nicht teuer sind, leicht zu zähmen sind und all die wun-derbaren Eigenschaften haben, die wir an Vögeln schätzen. Wellensittiche sind pflegeleicht, weil sie im Allgemeinen nicht sehr wählerisch sind [...] bei Futter, Menschen oder Spielzeug. Es ist bereichernd, einen zu besitzen, weil sie sehr gesel-lige Vögel sind, die eine gute Bindung zu ihren Menschen aufbauen. Sie sind neu-gierig und schlau, daher ist es einfach, ihnen neue Nahrungsmittel und Spielzeuge vorzustellen."

LESLIE CORYN,

Featherbelle Aviary

KAPITEL 2

Passt ein Wellensittich zu mir?

Geselliges Wesen

Kannst du deinem Wellensittich genügend Zeit widmen?

Obwohl Wellensittiche nicht so anspruchsvoll sind wie größere Papageien, sind sie äußerst aktive, gesellige Vögel. Sie brauchen Gesellschaft, um wirklich glücklich zu sein. In der Natur leben Wellensittiche in Schwärmen und gehen daher instinktiv eine Bindung mit den Menschen ein, die regelmäßig mit ihnen interagieren.

Bevor du dich dazu entscheidest, einen Wellensittich zu adoptieren, überlege genau, wie viel Zeit du für deinen neuen Freund aufbringen kannst. Kannst du deinem Wellensittich täglich mindestens ein bis zwei Stunden deine ungeteilte Aufmerksamkeit schenken? Zusätzlich zu der Zeit, in der du einfach im selben Raum arbeitest oder entspannst, während er plaudert und spielt?

Du musst deine Aufmerksamkeit nicht eine ganze Stunde am Stück auf deinen Wellensittich richten. Du kannst die Zeit in mehrere kurze Einheiten über den Tag verteilen und sobald ihr Freunde geworden seid, wird er es genießen, einfach auf deiner Schulter zu sitzen, während du liest oder fernsiehst. Wenn du bereit bist, Zeit in den Aufbau einer Beziehung zu deinem Wellensittich zu investieren, wird er dich bald als Mitglied des

Schwarms akzeptieren.

Es ist auch wichtig zu bedenken, dass dein Wellensittich für all seine Bedürfnisse von dir abhängig sein wird. Denke sorgfältig über diese Verantwortung nach und auch, ob ein Wellensittich in deinen Lebensstil passt. Ein gesunder Wellensittich kann 10 bis 15 Jahre alt werden, was zwar weniger ist als bei manchen größeren Papageien, aber genauso lang wie bei vielen Hunden und Katzen. Die wöchentliche Käfigreinigung und das tägliche Füttern, Tränken und Spielen mit deinem Haustier gehören zu den langfristigen Verpflichtungen, die du eingehst, wenn du einen Wellensittich bei dir aufnimmst. Überlege auch, wer sich um deinen Wellensittich kümmern wird, wenn du in den Urlaub fährst oder wenn eine Krankheit oder Verletzung dich zwingt, einige Zeit im Krankenhaus zu verbringen. Obwohl sie kleine Vögel sind, verdienen Wellensittiche genauso viel Fürsorge wie größere Haustiere.

Training und Umgang

Manche Menschen trainieren ihre Wellensittiche gerne und bringen ihnen verschiedene Kunststücke bei. Andere möchten einfach nur, dass ihr Vogel freundlich und ruhig im Umgang mit Menschen ist. Egal, von welcher Seite des Trainingsspektrums du startest, es gibt einige grundlegende Fähigkeiten, die jeder Wellensittich erlernen sollte. Dadurch fasst er Vertrauen zu dir und wird keine Angst haben, wenn er angefasst oder untersucht wird.

Zu diesen Fähigkeiten gehört, deinem Wellensittich beizubringen, auf deine Hand oder deinen Finger zu steigen, auf eine Stange zu gehen und sich sanft in einem kleinen Handtuch halten zu lassen. Wir werden in Kapitel 6 besprechen, wie du deinen Wellensittich trainieren und sicher handhaben kannst. Es ist aber wichtig zu wissen, dass ein gewisses Grundtraining erforderlich sein wird, damit dein Wellensittich der wunderbare Gefährte werden kann, der in ihm steckt.

Foto Von
Diana Cook

Ein Vogel oder zwei?

Solltest du nur einen Wellensittich adoptieren oder lieber zwei? In freier Wildbahn verbringen Wellensittiche ihr ganzes Leben in großen Schwärmen. Wellensittiche kommen auch in Gefangenschaft besser zurecht, wenn sie paarweise gehalten werden. Viele Wellensittichhalter genießen es, zwei oder mehr Wellensittiche den ganzen Tag über miteinander interagieren zu sehen, was wirklich unterhaltsam sein kann.

Expertenrat:

Einen oder mehrere Wellensittiche?

Mehrere Wellensittiche können vorteilhaft sein, da sie sich gegenseitig Gesellschaft leisten und Einsamkeit sowie Langeweile verringern. Wellensittiche sind von Natur aus sozial und gedeihen in Schwarmhaltung, wo sie soziale Verhaltensweisen zeigen, spielen und kommunizieren können. Dies führt zu glücklicheren und aktiveren Vögeln. Wichtig ist jedoch das Gleichgewicht zur Zähmung, da sich mehrere Wellensittiche eher untereinander als mit ihren menschlichen Pflegern verbinden können.

" Die meisten Wellensittiche leben grundsätzlich besser mit einem anderen Vogel ihrer Art zusammen. Wir können einfach nicht das Maß an sozialer Interaktion bieten, das ein Artgenosse ermöglicht. Wellensittiche sind gesellige Schwarmtiere. Manche Menschen glauben, sie könnten keine angemessene Bindung zu ihren Wellensittichen aufbauen, wenn sie mehr als einen halten, aber wenn man sich die Mühe macht und bei einem Züchter kauft, der seine Wellensittiche ordentlich an Menschen gewöhnt hat, dann sollte das kein Problem darstellen."

SHANNON COCHRAN,
Chesapeake Aviary

> ❝ Wenn du mehrere Wellensittiche hast, werden sie zu einer Bande und haben viel Spaß dabei, durch dein Zuhause zu fliegen. Wenn du jedoch einen Vogel möchtest, der Menschen zugetan ist, besonders wenn er von Hand aufgezogen wurde, bleibe bei einem einzelnen. Mehrere Wellensittiche werden untereinander 'Wellensittich' sprechen und verlieren wahrscheinlich die Fähigkeit, 'Menschensprache' zu spre-chen, wenn sie diese als Einzelvogel erlernt haben."

SUSAN M. ANDRESEN,

Bull City budgies

> ❝ Mehrere Vögel fressen besser, mausern besser und verhalten sich natürlicher. Die Interaktion zwischen zwei Vögeln, ob Männchen und Weibchen oder gleichgeschlechtlich, ist viel unterhaltsamer zu beo-bachten. Allerdings kann es schwieriger werden, gute Haustiere aus ihnen zu machen, und ihre Sprechfähigkeit wird etwas eingeschränkt."

PAUL LEWIS,

Birds Unlimited

> ❝ Wenn Sie Heimvögel für Geräusche und Gesellschaft wollen, aber nicht planen, sie einzeln zu handhaben, empfehle ich zwei Vögel, damit sie sich miteinander verbinden und unterhalten können. Falls Sie jedoch eine Beziehung zu Ihrem Vogel wollen und ihn zahm und hand-habbar halten möchten, empfehle ich nur einen. Sobald Sie einen zweiten Wellensittich hinzufügen, werden sie sich unweigerlich miteinander verbinden und vogel- statt menschenorientiert werden. Ihr Bedürfnis nach Ihrer Gesellschaft verschwindet, und Sie haben zwei Vögel, die sich lieben und wenig mit Ihnen zu tun haben wollen. Menschen sorgen sich, dass ein einzelner Vogel einsam wird, während sie arbeiten. Hier ist die richtige Ausstattung entscheidend. Geeignetes Spielzeug ermöglicht Selbstbeschäftigung, bis Sie heimkommen."

MISTY MARUSKA & MELODY MARUSKA,

Parrots N Stuff

Wellensittiche sind wie Kartoffelchips – je mehr Farben Sie haben, desto mehr wollen Sie. Es hängt davon ab, welche Beziehung Sie zu Ihrem Vogel wollen. Für eine Bindung und einen besten Freund nehmen Sie nur einen. Führen Sie mehrere Wellensittiche gleichzeitig zusammen ein, verbinden sie sich miteinander und Sie sind das fünfte Rad am Wagen. Wollen Sie nicht zahme Wellensittiche zum Beobachten, können Sie mehrere zusammen halten. Für zwei Wellensittiche als Haustiere sollten Sie sie getrennt, aber nebeneinander halten, damit sie sich sehen und durch die Gitterstäbe kommunizieren können. Geben Sie jedem einzeln Zeit mit Ihnen – das etabliert Ihren Schwarm. Dann können Sie sie zusammen spielen lassen. Alles hängt von Ihrer gewünschten Beziehung ab."

LESLIE CORYN,
Featherbelle Aviary

Andererseits sind einzelne Wellensittiche in der Regel leichter zu trainieren. Sie tendieren eher zum Sprechen und bauen wahrscheinlich eine stärkere Bindung zu ihren Besitzern auf.

Welche Option ist die richtige Wahl für dich? Bevor du entscheidest, ob dein Wellensittich ein Einzelvogel sein wird oder einen Gefährten haben soll, solltest du die Vor- und Nachteile beider Möglichkeiten für dich und dein Haustier abwägen. Wir werden diese in Kapitel 3 ausführlich besprechen.

Vorsichtiger Umgang

Zerbrechliche Wesen

Wie alle Vögel sind Wellensittiche zerbrechlicher als die meisten warmblütigen Tiere ähnlicher Größe. Wenn sie sich an ihre Besitzer gewöhnt haben, lassen sich Wellensittiche gerne anfassen und streicheln, müssen aber behutsam behandelt werden. Hier sind einige Dinge, die du wissen solltest, bevor du einen Wellensittich als Haustier adoptierst.

Laute Geräusche und plötzliche Bewegungen können Wellensittiche erschrecken und zu wilden Reaktionen veranlassen. Wenn sie Angst haben, versuchen sie oft, von der vermeintlichen Gefahr wegzufliegen. Dabei können sie sich verletzen, wenn sie gegen einen Spiegel oder ein Fenster fliegen oder gegen Möbelstücke prallen.

Vögel haben ein komplexes Atmungssystem, das ihnen ermöglicht, während des Fluges mehr Sauerstoff aufzunehmen. Wenn ein Wellensittich atmet, bewegen sich seine Rippen nach innen und außen. Hält man einen Wellensittich zu fest, kann dies seine Atmung einschränken und sogar zum Tod führen. Das Atmungssystem der Vögel umfasst spezielle Luftsäcke und hohle, luftgefüllte Knochen, die indirekt mit der Lunge verbunden sind. Wenn einer dieser pneumatischen Knochen bricht, kann die Verletzung die Lunge anfällig für Infektionen machen.

Da ihr Atmungssystem so effizient ist, reagieren Wellensittiche empfindlicher als Menschen und viele andere Haustiere auf Dämpfe von Zigarettenrauch, Antihaftbeschichtungen und Haushaltsreinigern. Du solltest deinen Vogel daher vor diesen und anderen potenziell giftigen Dämpfen schützen.

Wenn ein Vogel neue Federn wachsen lässt, durchbrechen diese die Haut, und der Schaft der sich entwikkelnden Feder füllt sich mit Blut. Diese unreifen Federn werden Pinfedern oder Blutfedern genannt. Wenn sie beschädigt werden, können sie an der Basis bluten. Es ist manchmal schwierig, die Blutung zu stoppen, wenn eine Pinfeder verletzt ist, und ein Wellensittich kann in kurzer Zeit viel Blut verlieren. Wenn eine beschädigte Pinfeder weiterhin blutet, solltest du schnell deinen Vogelmediziner um Hilfe bitten.

ÜBRIGENS:
Der kleinste Papagei

Ausgewachsene Wellensittiche erreichen in der Regel eine Länge von 17 bis 20 cm, was sie zur zweitkleinsten Papageienart der Welt macht. Der kleinste Papagei ist der Sperlingspapagei, der typischerweise 11 bis 13 cm groß wird. Andere kleine Papageien sind Agaporniden (Unzertrennliche), der Bourkesittich und der Goldbugpapagei.

Sperlingspapagei

Hast du andere Haustiere?

Sicherheit ist ein wichtiger Aspekt, wenn du darüber nachdenkst, einen Wellensittich in einen Haushalt zu bringen, in dem bereits ein oder mehrere Haustiere leben. Im Allgemeinen verstehen sich Beutetiere wie Kaninchen, Meerschweinchen und andere kleine Vögel oft gut mit Wellensittichen. Häufig ignorieren sie sich einfach gegenseitig, und manchmal können sich auch artübergreifende Freundschaften entwickeln. Dennoch solltest du deine Haustiere sorgfältig beobachten, wenn sie außerhalb ihrer Käfige im Haus unterwegs sind, um sicherzustellen, dass ihre Interaktionen freundlich bleiben. Ein ansonsten freundliches Haustier könnte erschrecken und gewaltsam reagieren, wenn ein verspielter Wellensittich auf seinem Kopf landet oder an einem Ohr knabbert.

Hunde und Katzen sind von Natur aus Fleischfresser und viele neigen dazu, einen Wellensittich eher als Nahrung denn als Teil der erweiterten Familie zu betrachten. Katzen sind natürliche Jäger und oft fasziniert von Vögeln. Vögel können sich sehr schnell bewegen, was den Jagd- oder Spielinstinkt einer Katze auslösen kann und möglicherweise in schweren Verletzungen eines kleinen Vogels endet. Selbst wenn du solche Interaktionen sorgfältig überwachst, kannst du die Situation nie vollständig kontrollieren.

Im Allgemeinen entwickeln Hunde eher eine friedliche Beziehung zu einem Wellensittich. Allerdings wurden einige Hunderassen gezielt für die Jagd auf Kleintiere gezüchtet. Egal wie freundlich sie zu Menschen sind, manche Hunde können nie darauf trainiert werden, ein Kleintier nicht zu jagen und zu töten, wenn sich die Gelegenheit bietet.

Andere Hunde sind passiver und neugieriger. Jahrelang hatte ein Freund von mir einen schwarzen Labrador Retriever, der eine enge Bindung zum Wellensittich der Familie aufbaute und immer sehr sanft mit dem Vogel umging, wenn dieser außerhalb seines Käfigs war. Der Wellensittich genoss die Interaktion mit seinem Hundefreund offensichtlich und rief dessen Namen, wann immer er ins Zimmer trottete. Aber

der Größenunterschied zwischen Hunden und Wellensittichen ist so groß, dass tragische Unfälle passieren können, wenn ein Hund die Situation falsch einschätzt und zu grob spielt. Daher ist menschliche Aufsicht immer erforderlich, wenn Wellensittiche außerhalb ihres Käfigs spielen dürfen und ein anderes Haustier im Raum ist.

Foto Von Alisha Morton

Wenn dein Hund eher freundlich ist und du ihn deinem Wellensittich vorstellen möchtest, gehe langsam vor. Halte deinen Hund unter Kontrolle und lass ihn am Käfig des Vogels schnüffeln und den Vogel beobachten. Beruhige den Hund, wenn er den Käfig anbellt oder anspringt, damit er versteht, dass dieses Verhalten nicht erlaubt ist. Nach ein oder zwei Wochen wird sich dein Hund wahrscheinlich an den Vogel im Haus gewöhnen und ihn in Ruhe lassen.

Wenn du andere Haustiere hast, bedeutet das nicht unbedingt, dass du keinen Wellensittich haben kannst. Du kannst Wellensittiche immer in einem Käfig halten, der für größere Haustiere unerreichbar ist, und andere Haustiere aus dem Zimmer fernhalten, wenn du deinen Wellensittich zum Fliegen aus dem Käfig lässt.

Umgang mit Kindern

Gibt es Kinder in deinem Zuhause? Wellensittiche sind großartige Haustiere für Kinder, wenn diese alt genug sind, um zu verstehen, wie man vorsichtig und respektvoll mit ihnen umgeht. Einen Wellensittich im Haus zu haben kann Eltern auch dabei helfen, einem Kind Mitgefühl und Verantwortungsbewusstsein beizubringen. Dies sind wertvolle Lektionen, die ein Leben lang halten können.

Nachdem dein Wellensittich Zeit hatte, sich an seine neue Umgebung zu gewöhnen, wird er die Gesellschaft seiner neuen menschlichen Familie, einschließlich der Kinder, genießen. Aber Kinder müssen lernen, wie sie richtig mit dem neuen Haustier umgehen. Wellensittiche können nicht auf die gleiche Weise behandelt werden wie ein Hund, eine Katze oder eine Puppe.

Wenn Kinder laute Geräusche machen oder sich schnell bewegen, können sie einen kleinen Vogel erschrecken. Daher ist es wichtig, Kindern zu erklären, dass sie leise sprechen und schnelle Gesten vermeiden sollten, wenn sie sich dem Käfig des Wellensittichs nähern oder wenn sie den Vogel anfassen dürfen.

Wird ein Kind bei der Pflege des neuen Haustieres helfen? Zeige, wie man die Futter- und Wassernäpfe des Wellensittichs richtig auffüllt und wie man die Käfigauskleidung täglich wechselt. Gehe nicht davon aus, dass Kinder automatisch verstehen, was sie im Umgang mit einem Wellensittich tun oder lassen sollten.

Nachdem der Wellensittich ein Grundtraining erhalten hat, bringe deinem Kind unbedingt bei, wie es ihn sanft und sicher handhaben kann. Erkläre, dass ein Wellensittich niemals ohne Aufsicht eines Erwachsenen ins Freie gebracht oder außerhalb des Käfigs fliegen gelassen werden sollte. Erwäge, die Spielzeit mit dem Wellensittich zu einer Aktivität zu machen, die du und dein Kind gemeinsam genießen können. So kannst du beobachten, wie sich dein Kind in der Nähe des Vogels verhält, und hast die Möglichkeit, Lob auszusprechen, wenn ein Kind sich angemessen verhält, oder sanfte Korrekturen vorzunehmen, wenn Fehler gemacht werden.

Expertenrat:

Ratschläge für neue Halter

Für neue Wellensittichhalter betonen Experten die Wichtigkeit, Wellensittichverhalten zu verstehen, eine stimulierende Umgebung zu schaffen und richtige Ernährung sicherzustellen. Das Vertrautmachen mit Körpersprache und Lautäußerungen verbessert die Bindung zwischen Halter und Haustier. Verschiedene Spielzeuge und regelmäßiger Wechsel verhindern Langeweile. Eine ausgewogene Ernährung jenseits von Samen, einschließlich frischem Obst und Gemüse, ist entscheidend. Regelmäßige Gesundheitschecks und ein sicherer Lebensraum verhindern Unfälle und helfen, Gesundheitsprobleme früh zu erkennen.

> *Es ist wichtig zu bedenken, dass Papageien, und dazu gehört auch der winzige Wel-lensittich, hochintelligente soziale Lebewesen sind. Wir verlangen viel von ihnen, wenn sie Teil unseres Lebens sein sollen. Wir sollten alles tun, um ihnen Möglich-keiten zu bieten, natürliche Verhaltensweisen in Gefangenschaft zu stimulieren und nachzuahmen. Ein Wellensittich wird nicht damit zufrieden sein, sein ganzes Leben lang in einem Käfig zu sitzen und kaum etwas zu tun."*

SHANNON COCHRAN,

Chesapeake Aviary

> *Wellensittiche sind kleine Dramaqueens, daher hilft es ihnen, wenn du mit ihnen zusammen aufgeregt bist. Biete deinem Wellensittich jeden Tag eigenständige Spielzeit (auf einem Spielständer) sowie ein paar Stunden deiner Zeit an. Dazu gehört, dass er auf deiner Schulter sitzt, während du Hausarbeiten erledigst, und mit dir auf dem Sofa sitzt und fernsieht. Sie lieben diese Art der Interaktion"*

JANET L BERUBE,

The Parrot and Bird Emporium

KAPITEL 3

Vorbereitung auf deinen Wellensittich

Einrichtung des Käfigs

Größenbestimmung

Richte den Käfig auf, bevor du deinen Wellensittich nach Hause bringst, und stelle ihn an einen Ort, wo dein Vogel im Laufe des Tages ab und zu Familienmitglieder vorbeigehen sehen kann. Aus einer vertrauten Umgebung weggebracht zu werden und in einem kleinen Käfig oder einer Box zu deinem Zuhause transportiert zu werden, ist für einen kleinen Vogel eine stressige Erfahrung. Dein Wellensittich wird erleichtert sein, wenn du ihn in einen komfortablen Käfig mit frischem Futter und Wasser, mehreren Sitzstangen und einigen Spielzeugen setzt.

Gib ihm Zeit, sich zu entspannen und sich an die neuen Eindrücke zu gewöhnen, ohne zu viel menschliche Interaktion. Nähere dich in den ersten Tagen dem Käfig mehrmals täglich langsam und sprich sanft und beruhigend mit deinem Wellensittich, damit er sich an dich gewöhnen kann.

Der Käfig wird wahrscheinlich die teuerste Anschaffung für deinen Wellensittich sein, also wähle mit Bedacht und entscheide dich für einen, der viele Jahre halten wird. Kaufe den qualitativ hochwertigsten Käfig, den du dir leisten kannst, und wähle den größten, der in den verfügbaren Raum passt.

Lass dich von der Funktionalität und nicht vom Design leiten und

lass dich also nicht von antiken oder verzierten Käfigen ablenken. Nicht jeder Vogelkäfig ist für Wellensittiche geeignet und nicht jedes Zoogeschäft führt speziell für diese Vögel konzipierte Käfige. Glücklicherweise gibt es für Wellensittich-Neulinge mittlerweile eine Reihe von Tierbedarf-Unternehmen, die ihre Produkte online verkaufen. Wenn dein örtliches Zoogeschäft oder dein Züchter dir keinen passenden Wellensittichkäfig anbieten kann, solltest du im Internet nach einem suchen.

Wellensittiche sind aktive Vögel und brauchen Platz zum Herumhüpfen und Flügelschlagen, wenn sie nicht außerhalb des Käfigs frei fliegen. Ein einzelner Wellensittich benötigt einen Käfig, der etwa 80 cm lang und hoch und 50 cm tief ist. Zwei Vögel brauchen einen größeren Käfig, der etwa 100 cm lang, 80 cm hoch und 50 cm tief ist. Größer ist aber immer besser.

Wellensittiche klettern gerne, daher sollte der Käfig eine Reihe von horizontalen Stäben haben, an denen sie sich mit Füßen und Schnabel festhalten können, während sie an den Seiten des Käfigs auf und ab klettern. Die Stäbe sollten nicht mehr als 1,3 cm voneinander entfernt sein,

damit neugierige Vögel nicht versehentlich ihre Köpfe durch die Stäbe stecken und stecken bleiben können. Kaufe keinen Käfig mit Gummibeschichtung oder Kunststoffbeschichtung auf den Stäben, da diese abgekaut und verschluckt werden kann.

Der Käfig sollte eine Tür haben, die groß genug ist, damit der Vogel frei ein- und ausfliegen kann und du bei Bedarf deine Hand hineinstecken kannst. Vogelkäfige haben in der Regel eine von drei grundlegenden Türstilen. Eine der häufigeren Türen öffnet sich, wenn du sie von unten nach oben schiebst. Leider kann ein aktiver Wellensittich diese Art von Tür auch von innen aufschieben, und die Tür kann plötzlich wieder nach unten fallen und den Hals des Vogels verletzen. Wenn du einen Käfig mit dieser Art von Tür kaufst, besorge dir einen kleinen Karabinerhaken aus dem Baumarkt, mit dem du die Tür verschließen kannst. Türen, die von der Seite aufschwingen, und Türen, die sich oben öffnen und wie eine Zugbrücke nach unten ziehen, sind bessere Optionen. Die zugbrückenartige Tür kann auch einen bequemen Landeplatz für deinen Wellensittich bieten, wenn er in den Käfig zurückkehrt.

Futter- und Wassernäpfe werden normalerweise mit dem Käfig geliefert. Wenn du aber zwei Wellensittiche in einem Käfig halten möchtest, solltest du einen zweiten Satz Näpfe kaufen, um Streitereien zu vermeiden. Stelle mehrere Holzsitzstangen in den Käfig, um deinem Haustier bequeme Sitzplätze zu bieten. Die Wahl von Sitzstangen mit unterschiedlichen Durchmessern hilft deinem Vogel, die Füße gesund zu halten. Kiefernholzdübel ermöglichen es Wellensittichen, ihr Verlangen nach

WUSSTEN SIE?
Zusätzliche Wirbel

Obwohl Wellensittiche klein sind, haben sie mehr Wirbel im Nacken als Menschen. Diese zusätzlichen Wirbel ermöglichen es Wellensittichen, ihren Kopf fast um 180 Grad zu drehen.

etwas zum Kauen sicher zu stillen, aber du kannst auch Sitzstangen aus Ästen kaufen oder selbst herstellen. Die gewundenen Formen sehen natürlicher aus als Holzdübel. Äste von Apfel-, Ulmen-, Manzanita- und Weidenbäumen sind für Wellensittiche ungiftig, aber du musst sicherstellen, dass der Baum nicht mit Insektiziden oder anderen Chemikalien besprüht wurde.

Du kannst auch eine Sitzstange aus Seil hinzufügen, um für Abwechslung zu sorgen, aber achte darauf, lose Fasern zu kürzen, die durch das Nagen am Seil entstehen. Diese losen Fäden können sich an einer Zehe deines Wellensittichs verfangen oder sich um einen Fuß wickeln und Verletzungen verursachen. Und wenn dein Wellensittich die Fasern zu fressen scheint, entferne die Seilsitzstange und ersetze sie durch eine aus Holz.

Ein weiteres wesentliches Element ist ein Vogelbad, von denen Zoogeschäfte eine Vielzahl anbieten. Wellensittiche baden gerne in flachem Wasser. Wenn du ihnen kein separates Vogelbad zur Verfügung stellst, baden sie möglicherweise in ihrem Wassernapf und spritzen das Wasser heraus.

INFO BOX

Benötigte Ausstattung

Misty Maruska & Melody Maruska, Parrots N Stuff

Der größte Kostenfaktor ist die Ersteinrichtung für deinen Wellensittich. Daher ist es wichtig zu wissen, was du für die optimale Pflege benötigst. Bei der Grundausstattung werden manchmal wichtige Dinge vergessen, zu klein oder falsch gekauft, die deinen Wellensittich glücklich und gesund halten.

Käfig: *Der Käfig sollte mindestens 80 cm lang und hoch und 50 cm tief sein. Im Zoohandel werden jedoch oft viel kleinere Käfige verkauft. Wellis sind sehr aktiv und brauchen ausreichend Platz zum Spielen.*

Spielzeug: *Immer wieder höre ich, dass Vogelbesitzer nur hartes, unzer-störbares Spielzeug kaufen, um Unordnung zu vermeiden. Doch diese Einstellung schadet deinem Wellensittich. Ich empfehle mindestens drei verschiedene Spielzeuge: eines, das Geräusche macht, härteres Holz zum Kauen, weicheres Material zum Zerpflücken und ein Futterspielzeug. So kann sich dein Vogel selbst unterhalten, während du weg bist.*

Sitzstangen: *Die meisten Käfige werden mit einfachen Plastik- oder Holzdübeln geliefert. Für den Anfang ist dies in Ordnung. Für gute Fuß-gesundheit solltest du verschiedene Materialien wie Holz, Seil oder Beton in unterschiedli-*

INFO BOX

Benötigte Ausstattung

chen Größen bereitstellen.

Futter: *Oft werden Wellis mit Standardfutter aus Samen verkauft. Solange sie jung sind, ist dies in Ordnung. Langfristig benötigst du jedoch hoch-wertigeres Futter. Stelle das Futter schrittweise um. Abwechslung ist wichtig: Je mehr frisches Gemüse und Obst, desto besser. Du wirst expe-rimentieren müssen, um herauszufinden, was dein Vogel mag.*

Sepiaschulpe und Mineralblock: *Viele Besitzer wissen nicht, dass Wellen-sittiche diese Nahrungsergänzungsmittel benötigen. Manchmal vergehen Wochen ohne Nutzung. Stelle sie trotzdem bereit, denn Weibchen können auch ohne Partner Eier legen und benötigen zusätzliche Mineralstoffe.*

Waage: *Eine Waage ist praktisch. In der Eingewöhnungszeit solltest du deinen Vogel alle paar Tage wiegen, um sicherzustellen, dass er nicht zu viel Gewicht verliert. Jungvögel reduzieren oft das Fressen, wenn sie vom Schwarm getrennt werden. Ein paar Gramm weniger sind normal.*

Sprühflasche: *Es ist wichtig, deinen Vogel gelegentlich zu baden, denn die meisten Wellis tun dies nicht ausreichend. Gewöhne dich daran, deinen Vogel regelmäßig mit einer Sprühflasche zu besprühen.*

Temperatur- und Umgebungskontrolle

Es ist wichtig, den richtigen Standort für den Käfig deines Wellensittichs zu wählen. Stelle den Käfig in einen Bereich deines Zuhauses, in dem die Temperatur nicht stark schwankt und wo Heizungs- und Klimaanlagenöffnungen nicht direkt auf den Käfig blasen. Idealerweise sollte die Raumtemperatur bei etwa 21 bis 24 Grad Celsius liegen, aber die Vögel fühlen sich in einem Temperaturbereich von 15 bis 29 Grad Celsius wohl.

Wellensittiche interagieren gerne den ganzen Tag über mit ihren menschlichen Familienmitgliedern. Stelle den Käfig daher an einen Ort, an dem dein Vogel dich und andere Bewohner häufig sehen kann. Platziere ihn jedoch nicht in einem zu stark frequentierten Bereich, in dem übermäßiger Lärm und Aktivität ihn ängstigen könnten.

Vögel fühlen sich sicherer, wenn mindestens eine Seite ihres Käfigs an einer Wand steht. Ein noch besserer Standort ist eine helle Ecke eines Raumes, wo zwei Seiten des Käfigs an einer Wand stehen. Stelle den Käfig nicht vor ein Fenster, denn dort können sich die Temperaturen schnell ändern. Die Geräusche von und der Blick nach draußen können deinen Vogel zusätzlich erschrecken. Aus ähnlichen Gründen solltest du den Käfig nicht in eine Küche oder ein Badezimmer stellen, da Dämpfe von Reinigungsmitteln und die ständigen Temperatur- und Feuchtigkeitsschwankungen in diesen Räumen deinen Vogel krank machen können.

Den Käfig sauber halten

Schmutzige Käfige können zu ernsthaften Gesundheitsproblemen führen. Daher ist es wichtig, das Zuhause deines Wellensittichs sauber zu halten. Lege den Boden des Käfigs mit Papier aus, das saugfähig genug ist, um die Flüssigkeit in den Ausscheidungen aufzusaugen, und ersetze das Papier mindestens einmal pro Woche. Zeitungspapier ist heutzutage bleifrei, daher eignen sich alte Zeitungen gut für diesen Zweck. Verwende alternativ speziellen Vogelsand, aber unter keinen Umständen Bausand, Blumenerde oder anderes Füllmaterial!

Entferne die Futter- und Wassernäpfe täglich und wasche sie mit einem milden Reinigungsmittel, um das Wachstum von Bakterien zu hemmen. Nach dem Waschen spüle und trockne die Näpfe, bevor du sie wieder in den Käfig stellst. Du kannst verschmutzte Oberflächen im Käfig bei Bedarf mit einem feuchten Lappen reinigen, einschließlich Sitzstangen und Spielzeug.

Reinige den Käfig etwa einmal im Monat. Schrubbe die Sitzstangen und reinige oder tausche das Spielzeug aus. Wasche auch die Schublade am Boden des Käfigs und ersetze das Papier, nachdem die Schublade getrocknet ist. Achte darauf, ungiftige Reinigungsmittel zu verwenden. Eine Lösung aus einem Teil Essig und einem Teil Wasser ist ein gutes

Foto Von
Maureen Milton

Desinfektionsmittel und du kannst Backpulver verwenden, um hartnäckigere Verschmutzungen zu lösen.

Etwa alle sechs Monate solltest du den Käfig gründlicher reinigen. Dazu musst du deinen Wellensittich aus dem Käfig lassen, damit er unter Aufsicht etwas fliegen kann, oder ihn vorübergehend in einen anderen Käfig umsetzen. Entferne die Futter- und Wassernäpfe, die Sitzstangen und das Spielzeug und bringe den Käfig nach draußen oder stelle ihn in eine Badewanne oder Dusche. Wasche den Käfig vollständig und konzentriere dich auf Bereiche, in denen sich Ausscheidungen ansammeln. Wasche auch die Futter- und Wassernäpfe, die Sitzstangen und das Spielzeug und lass sie vollständig trocknen, bevor du sie wieder in den Käfig stellst und deinen Vogel in sein Zuhause zurückbringst.

Spielzeug für den Käfig

Wilde Wellensittiche verbringen einen Großteil ihrer Zeit mit der Nahrungssuche und dem Ausmanövrieren von Raubtieren. In Gefangenschaft brauchen sie eine Vielzahl von Spielzeugen, um aktiv und geistig stimuliert zu bleiben. Wellensittiche lieben Schaukeln, Glocken, Spiegel und Leitern. Biete deinem Vogel eine Auswahl an Spielzeugen und hänge sie immer wieder an verschiedenen Stellen im Käfig auf. Glocken sollten nicht rund sein und auch keine kleinen Öffnungen haben, in denen Fuß oder Zeh des Vogels eingeklemmt werden können. Wähle stattdessen lieber kleine Glocken mit einem Klöppel und einer weiten Öffnung an der Unterseite.

Foto Von Alisha Morton

Überprüfe regelmäßig, ob die Spielzeuge noch sicher sind und entsorge solche mit gebrochenen, scharfen oder losen Teilen.

Überprüfe Seile auf lose Stränge, in denen dein Wellensittich sich verfangen ann, und kürze die Schnüre oder ersetze das Spielzeug. Entsorge Spielzeug mit einer Kunststoff- oder Metallbeschichtung, die zu bröckeln oder abzublättern beginnt. Obwohl Spiegel lustige, interaktive Spielzeuge sind, können einzelne Vögel manchmal zu viel Aufmerksamkeit auf ihr eigenes Spiegelbild richten und dir weniger Aufmerksamkeit schenken. Wenn das passiert, solltest du den Spiegel entfernen, bis dein Vogel beginnt, dir und seinem Training mehr Aufmerksamkeit zu schenken.

Den richtigen Wellensittich auswählen

Einen oder zwei?

Wie viel Zeit du jeden Tag für deinen Wellensittich zur Verfügung hast, ist eine wichtige Überlegung bei der Entscheidung darüber, ob du einen, zwei oder mehr Vögel adoptieren möchtest. Wellensittiche können gelangweilt und unglücklich werden, wenn sie allein im Käfig gelassen werden. Neben der geistigen Anregung kann ein Wellensittich-Partner auch dazu beitragen, dass beide Vögel ihre körperliche Gesundheit erhalten, indem sie sich beim Sozialisieren gegenseitig putzen.

Wenn die Zeit, die du für Spiel und Sozialisierung mit deinem Vogel zur Verfügung hast, etwas begrenzt ist und du den größten Teil des Tages außer Haus bist, solltest du überlegen, zwei Vögel zu adoptieren, damit sie miteinander spielen und sich gegenseitig unterhalten können. Du wirst vielleicht auch feststellen, dass es dir wirklich Spaß macht, die beiden Vögel bei ihrer Interaktion zu beobachten.

Andererseits neigen zwei Wellensittiche dazu, eine engere Bindung zueinander als zu ihren menschlichen Familienmitgliedern aufzubauen. Dadurch sind sie etwas schwieriger zu trainieren und weniger dazu geneigt, die menschliche Sprache nachzuahmen. Das bedeutet nicht, dass die beiden Vögel dich völlig ignorieren werden, aber es kann mehr Zeit in Anspruch nehmen, sie zu trainieren und ihnen das Sprechen beizubringen.

Eine Möglichkeit, die negativen Aspekte der Haltung von zwei Vögeln zu reduzieren, besteht darin, einen Vogel nach dem anderen zu adoptieren. Dies ermöglicht es deinem ersten Vogel, ein grundlegendes Training zu erhalten und eine Bindung zu dir aufzubauen. Nach drei oder vier Monaten wird dein Wellensittich sich an dich gebunden haben und du kannst dann einen Begleitvogel adoptieren. Wenn du einen zweiten Vogel nach Hause bringst, dann musst du den neuen Vogel mindestens 30 Tage unter Quarantäne stellen, bevor du ihn deinem ansässigen Vogel vorstellst. Diese Quarantänezeit dient dazu, sicherzustellen, dass der neue Vogel keine Ge-

HILFREICHER TIPP:
Grün oder Blau?

Wilde Wellensittiche sind normalerweise hellgrün mit gelben Gesichtern, aber bei Haustieren dieser Art gibt es viele anerkannte Farbkombinationen. Blaue Wellensittiche entstehen beispielsweise, wenn die gelbe Pigmentierung fehlt, wodurch die blaue Färbung sichtbar wird. Andere Wellensittichfarben reichen von olivgrün über mauve und kobaltblau bis hin zu weiß. Wellensittiche können auch einzigartige Markierungen und Streifenmuster haben. Ein beliebtes Streifenmuster ist Zimt (Cinnamon), das entsteht, wenn die Markierungen eines Wellensittichs braun statt schwarz sind. Eine der seltensten Farbmutationen bei Wellensittichen ist die Regenbogenmutation, die zu einem gelbgesichtigen blauen Opalin-Hellflügel führt.

sundheitsprobleme hat, die möglicherweise nicht sofort erkennbar sind. Damit schützt du deinen vorhandenen Vogel vor möglichen Krankheiten. Halte den neuen Vogel während dieser Zeit in einem separaten Raum, um jede Chance einer Krankheitsübertragung zu verhindern. Nach der Quarantänezeit kannst du mit dem Einführungsprozess beginnen, indem du die Vögel in separaten Käfigen in der Nähe voneinander hältst, damit sie sich kennenlernen können. Nach und nach kannst du sie langsam in einem neutralen Raum vorstellen, z. B. in einem Zimmer, in dem sie unter deiner Aufsicht zusammen herumfliegen können.

Männchen oder Weibchen?

Solltest du einen männlichen oder einen weiblichen Wellensittich adoptieren? Männchen und Weibchen sind beide ausgezeichnete Haustiere, aber es gibt einige Verhaltensunterschiede zwischen den beiden. Männchen sind manchmal freundlicher und neigen eher zum Sprechen. Weibchen können auch eine starke Bindung zu ihren Besitzern aufbauen und können zum Sprechen gebracht werden, aber sie sind in der Regel nicht so gesprächig und sprechen möglicherweise nicht so deutlich. Sobald sie ihre volle Reife erreicht haben, können weibliche Wellensittiche eine durchsetzungsfähigere Persönlichkeit zeigen und einen größeren Drang haben, ihr Zuhause zu beschützen.

Es ist manchmal schwierig, das Geschlecht eines Wellensittichs innerhalb des ersten Lebensjahres zu bestimmen. Im Allgemeinen ist die Farbe der Wachshaut (der fleischige Teil des Schnabels um die Nasenlöcher) die beste Möglichkeit, das Geschlecht des Vogels zu bestimmen. Männchen haben eine durchgehend blaue oder lavendelfarbene Wachshaut. Weibchen haben eine weiße oder braune Wachshaut, die mit zunehmendem Alter dunkler werden kann.

Welche Farbe?

Wellensittiche kommen in einer spektakulären Vielfalt von Farben und Mustern. Welche Farbe du wählst, bleibt ganz dir überlassen. Größere Zoogeschäfte haben in der Regel eine Auswahl an Vögeln in verschiedenen Gelb-, Grün-, Blau- und Grautönen. Obwohl einige Vögel, die selektiv auf seltene Farbvariationen gezüchtet wurden, anfälliger für Gesundheitsprobleme sein können, ist es unwahrscheinlich, dass du diese Vögel in einem Zoogeschäft findest. Fühle dich also frei, jeden gesunden Vogel zu wählen, der deinen eigenen Farbvorlieben entspricht. Die Farbe des Wellensittichs wird keinen Unterschied hinsichtlich seiner Qualität als Haustier machen.

Züchter oder Zoogeschäft?

Wellensittiche sind in der Regel in den meisten großen Zoogeschäften erhältlich. Seriöse Geschäfte sollten die Gesundheit des Vogels für mindestens die ersten Tage oder Wochen garantieren können, was lange genug ist, um ihn zu einem vogelkundigen Tierarzt für eine erste Gesundheitsuntersuchung zu bringen. Ein im Zoogeschäft gekaufter Vogel wird günstiger sein als einer, der von einem Züchter gekauft wurde. Der Nachteil ist, dass Wellensittiche aus dem Zoogeschäft normalerweise einen Großteil ihres Lebens in einer Voliere mit anderen Vögeln statt mit Menschen verbracht haben, so dass es anfangs mehr Zeit in Anspruch nehmen könnte, den Vogel zu trainieren und ihn dazu zu bringen, dir zu vertrauen.

Je nachdem, wo du wohnst, könnte es auch möglich sein, einen Vogel direkt von einem Züchter zu kaufen. Du kannst online nach einem lokalen Wellensittichzüchter suchen. Ein handaufgezogener Wellensittich oder ein junger Wellensittich, der bereits an den Umgang mit Menschen gewöhnt ist, wird mehr kosten, aber er wird für dich leichter zu trainieren sein und wahrscheinlich schneller eine Bindung zu dir aufbauen.

Wellensittiche sind manchmal auch zur Adoption bei lokalen Tierheimen und Vogelrettungsorganisationen erhältlich.

Achte beim Kauf darauf, dass der Wellensittich gesund und munter wirkt. Ein gesunder Wellensittich sollte aktiv sein und helle, klare Augen haben. Wenn es nicht die übliche Schlafenszeit des Wellensittichs ist, sollte der Vogel nicht stillsitzen und seinen Kopf nicht in seinen Federn vergraben.

Expertenrat:

Den richtigen Wellensittich wählen

Die Auswahl des richtigen Wellensittichs erfordert die Berücksichtigung von Alter, Persönlichkeit und Herkunft. Vorzugsweise sollte man bei einem Züchter kaufen, da dieser detaillierte Informationen über Gesundheit, Aufzucht und Charakter liefern kann. Junge, handfütterte und mit menschlicher Interaktion aufgezogene Vögel sind meist freundlicher und leichter zu zähmen. Zoohandlungen, besonders große Ketten, haben oft keine detaillierten Vogel-Historien und bieten möglicherweise keine Nachkaufbetreuung.

" *Ich rate dir dringend, nicht nur einen Züchter aufzusuchen, sondern auch einen Vogel zu bekommen, der so jung wie möglich nach dem Absetzen ist. Vögel aus Zoohandlungen, besonders aus großen Ketten, werden in Massen ohne viel menschlichen Kontakt aufgezogen. Es ist schwer zu sagen, wie alt sie sind, wenn sie im Zoogeschäft ankommen, und entsprechend schwer, wenn du sie kaufst.""*

SUSAN M. ANDRESEN,
Bull City budgies

❝ Die Wahl des richtigen Wellensittichs ist von Person zu Person unter-schiedlich. Manche wählen nach Farbe, andere nach Geschlecht und wieder andere nach Persönlichkeit. Einen Wellensittich über einen Züchter zu beziehen, hat viele Vor-teile. Du kannst Fragen zum Wellensittich stellen (Alter, Geschlecht, Ernährung, Persönlichkeit). Vögel von Züchtern sind in der Regel freundlicher, besonders wenn sie handaufgezogen wurden."

JENNIFER TAYLOR,

Jennifer's budgies

❝ Es gibt einen deutlichen Unterschied zwischen einem handzahmen oder hand-aufgezogenen Wellensittich und einem, der weder das eine noch das andere er-fahren hat. Handaufgezogene Wellensittiche sind mehr auf Menschen ausgerich-tet. Sie wurden auf eine Weise aufgezogen, die ihnen beibrachte, eine Bindung zu Menschen aufzubauen und diese zu schätzen. Wenn Wellensittiche nicht gehan-delt/handaufgezogen werden, bedeutet das nur, dass die Eltern des Vogels 100 % der Arbeit geleistet haben und der Vogel nie wirklich angefasst oder mit ihm ge-arbeitet wurde. Manche Menschen entscheiden sich für irgendeinen Wellensittich, unabhängig von seiner Erziehung, und manche haben Erfolg damit, aber beson-ders wenn du zum ersten Mal ein Vogelhalter wirst, würde ich sagen, dass es in 90 % der Fälle eine Enttäuschung ist, und die Qualität des Vogels, die du dir erhofft hast, wird unabhängig von der Menge an Arbeit, die du in den Vogel steckst, nie erreicht."

MISTY MARUSKA & MELODY MARUSKA,

Parrots N Stuff

❝ Beim Kauf eines Wellensittichs ist der direkte Weg zum Züchter die beste Wahl. Sie können oft eine ziemlich genaue Geschlechtsbestimmung bei Jungtieren vorneh-men, im Gegensatz zu dem Versuch, dies selbst zu tun und es falsch zu machen. Ein guter Züchter wird bei jedem Schritt helfen und seinen Kunden bei Bedarf Unterstützung bieten."

SHANNON COCHRAN,

Chesapeake Aviary

❝ Ich würde empfehlen, ein Haustier über einen Züchter zu finden, besonders einen, der seine Jungtiere von Hand füttert. Du wirst dann *mit einem Vogel beginnen, der größtenteils bereits zahm ist und sich sicher-lich nicht vor Menschen fürchtet. Wenn du unbedingt in einer Zoohandlung kaufen musst, suche nach einem sehr jungen Vogel, der noch Streifen auf der Stirn hat. Du wirst mehr Erfolg haben, einen jungen Vogel zu zähmen."*

ANITA GOLDEN,
formerly Nita's Nest

" *Die Persönlichkeit wird in einem Geschäft schwer zu bestimmen sein, und du wirst dich auf dein Glück verlassen müssen. Um die Chancen zu deinen Gunsten zu verbessern, solltest du versuchen, ein Männchen auszusuchen. Weibliche Wellen-sittiche mit außergewöhnlich guten Persönlichkeiten machen gute Haustiere. Ich kenne viele Menschen, die Glück hatten und wunderbare weibliche Wellensittiche als Haustiere hatten. Aber in der Regel wird der durchschnittliche männliche Wel-lensittich eine bessere Haustier-Persönlichkeit haben als der durchschnittliche weibliche Wellensittich. Und die Ausreißer mit schlechten Persönlichkeiten werden häufiger weiblich als männlich sein. Das liegt nicht daran, dass Weibchen schlechte Persönlichkeiten haben. Es liegt daran, dass die Rolle des Weibchens im Vogelleben nicht dieselbe ist wie das, was Menschen in einem Haustiervogel su-chen. Die Rolle des Männchens passt von Natur aus besser zu dem, was Menschen als Haustier wollen."*

DIANA WILKEWITZ,
Budgiedin Budgerigars

" *Ehrlich gesagt impliziert die Suche nach dem 'richtigen' Wellensittich, dass es einen 'falschen' Wellensittich geben könnte. Damit bin ich nicht einverstanden. Wie Menschen hat jeder einzelne Vogel seine eigene Persönlichkeit. Und wie bei Men-schen kann man die Persönlichkeit eines Babys nicht erkennen, wenn es ein Baby ist. Tatsächlich bestimmt die Art und Weise, wie das Baby aufgezogen wird, was für ein Mensch es sein wird. Dasselbe gilt für Wellensittiche. Farbmutation, Ge-schlecht und Alter haben nichts damit zu tun, wie süß oder umgänglich ein Wel-lensittich sein wird. Gelegegröße, Erziehung und Umgebung sowie tägliche Inter-aktion und Sozialisierung mit Menschen formen sie, nähren sie und bringen ihre 'wahre' Persönlichkeit zum vorschein."*

LESLIE CORYN,
Featherbelle Aviary

KAPITEL 4

Ein gesunder Wellensittich

Die richtige Ernährung

Samen und Pellets

Du möchtest sicherlich, dass dein Wellensittich das bestmögliche Leben hat. Dabei ist eine richtige Ernährung entscheidend für die Gesundheit und Langlebigkeit deines Vogels. Wie Menschen benötigen Wellen-

sittiche eine ausgewogene Ernährung mit Proteinen, Fett, Kohlenhydraten, Vitaminen und Mineralstoffen.

Beginne mit der gleichen Grundnahrung aus Samen oder Pellets, mit der die Zoohandlung oder der Züchter deinen Wellensittich gefüttert hat. Wenn möglich, verwende weiterhin die gleiche Marke Vogelfutter oder Pellets, an die dein Vogel gewöhnt ist, und vermeide Ernährungsumstellungen, bis er sich in seinem neuen Zuhause eingelebt hat. Später kannst du den Speiseplan deines Wellensittichs anpassen, indem du nach und nach Pellets einführst oder Pellets durch Samen ersetzt, um die ausgewogene Ernährung zu schaffen, die du bevorzugst oder die der Tierarzt empfiehlt.

Egal, ob du deinen Wellensittich mit einer samen- oder pelletbasierten Ernährung fütterst, es ist wichtig zu wissen, dass Samen und Pellets allein nicht alle nötigen Nährstoffe liefern. Zusätzlich zu Samen fressen wilde Wellensittiche je nach Jahreszeit eine Vielzahl von Früchten, Beeren, Samensprossen und grünem Blattwerk. Du kannst die Ernährung deines Wellensittichs ergänzen, indem du ihm kleine Portionen der gleichen Früchte, Gemüsesorten und Blattgemüse anbietest, die auch du gerne isst.

Samen

Samen haben schon immer eine wichtige Rolle bei der Deckung des Nahrungsbedarfs von Wellensittichen gespielt, sowohl in freier Wildbahn als auch in Gefangenschaft. Samen haben einen hohen Fettgehalt, der wilden Wellensittichen die Energie gibt, die sie brauchen, um auf der ständigen Suche nach Nahrung und Wasser von einem Gebiet zum anderen zu fliegen. In Gefangenschaft führen Wellensittiche jedoch ein viel bewegungsärmeres Leben und ihre Ernährung muss entsprechend angepasst werden. Wenn dein Wellensittich eine samenbasierte Ernährung erhält, sollte ein gemischtes Vogelfutter etwa 50 % seiner gesamten Nahrungsaufnahme ausmachen. Füttere deinen Wellensittich mit kleinen Portionen frischem Obst, Gemüse, Samensprossen und Blattgemüse, um die anderen 50 % zu decken. Zoohandlungen bieten eine Vielzahl von abgepackten Samenmischungen an, die speziell für Wellensittiche entwickelt wurden.

Kaufe keine Samenmischungen für Wildvögel, da diese oft einen

höheren Fettgehalt haben, als für Wellensittiche empfohlen wird. Eine hochwertige Samenmischung für Wellensittiche enthält in der Regel Kanariengrassamen, verschiedene Hirsesorten, Hafergrütze, Nigersamen und Leinsamen. Ein einzelner Wellensittich frisst etwa eineinhalb Teelöffel Samen pro Tag oder etwa ein halbes Kilo Samen pro Monat. Vermeide daher den Kauf großer Mengen, die über mehrere Monate gelagert werden. Mit der Zeit können Samen viel von ihrer Frische und ihrem Nährwert verlieren, bevor dein Wellensittich die Chance hat, sie zu fressen.

Fülle den Futternapf jeden Tag mit frischen Samen auf und stelle sicher, dass dein Wellensittich immer Futter zur Verfügung hat. Da Wellensittiche die Schalen von Samen abpellen, bevor sie die Kerne fressen, und die leeren Schalen zurück in den Futternapf fallen lassen, kann sich eine Schicht aus Schalen auf der Oberseite des Napfes bilden. Das kann den Eindruck erwecken, der Napf sei voll mit Samen, obwohl dies nicht der Fall ist. Bevor du den Futternapf nachfüllst, entferne die leeren Schalen mit einem Löffel oder halte den Napf einfach über einen Mülleimer und puste die Schalen weg, bevor du mehr Samen hinzufügst.

Du kannst auch Samen aus einer abgepackten Mischung keimen lassen und sie deinem Wellensittich als nahrhaften Leckerbissen anbieten. Das Keimen löst eine biochemische Reaktion in den Samen aus, die oft den Fettgehalt verringert und gleichzeitig die Menge an verfügbaren Vitaminen und anderen Nährstoffen erhöht.

Pellets

Vor einigen Jahren begannen Tierfutterunternehmen, Vogelfutter in Form von kleinen Pellets anzubieten, die speziell auf die Ernährungsbedürfnisse von Wellensittichen und anderen Vogelarten abgestimmt sind. Pellets werden aus einer Kombination von Samen, Getreide, Früchten,

Gemüse und anderen Nährstoffen hergestellt. Viele Tierärzte empfehlen eine pelletbasierte Ernährung für Wellensittiche, um ernährungsbedingte Probleme vorzubeugen.

Wenn dein Wellensittich eine pelletbasierte Ernährung erhält, sollten die Pellets etwa 75 % seiner Nahrungsmenge ausmachen. Füttere deinen Wellensittich zusätzlich mit kleinen Portionen frischem Obst, Gemüse, Samensprossen, Blattgemüse und gemischtem Vogelfutter, um ihn ausgewogen zu ernähren. Achte darauf, dass die Pellets, die du kaufst, für Wellensittiche optimiert sind und nur natürliche Zutaten enthalten. Vermeide den Kauf von Pellets, die Konservierungsstoffe und künstliche Farbstoffe enthalten.

Wenn du deinen Wellensittich von einer samenbasierten auf eine pelletbasierte Ernährung umstellen möchtest und dein Wellensittich nicht daran gewöhnt ist, Pellets zu fressen, musst du die neue Ernährung schrittweise einführen. Vögel sind oft misstrauisch gegenüber allem Neuen, und Wellensittiche weigern sich manchmal, Pellets zu fressen, weil sie sie nicht als Nahrung erkennen. Jüngere Vögel sind in der Regel begeisterter, neue Nahrungsmittel auszuprobieren als ältere Vögel.

Die Zeit, die benötigt wird, um einen Wellensittich von Samen auf Pellets umzustellen, variiert von Vogel zu Vogel. Normalerweise dauert es einige Wochen. Sei geduldig und versuche niemals, einen Wellensittich dazu zu zwingen, Pellets zu fressen, indem du anderes Futter vorenthältst. Das verursacht nur unnötigen Stress und kann schnell zu ernsthaften Gesundheitsproblemen führen.

Es gibt mehrere Möglichkeiten, den Übergang von Samen auf Pellets zu erleichtern. Wenn dein Vogel sehr zahm ist, kannst du versuchen, Pellets als Leckerbissen anzubieten oder so tun, als würdest du selbst Pellets essen, die du dann deinem Wellensittich anbietest. Du kannst auch einige Pellets seinem regulären Futter mischen und beobachten, ob er sie tatsächlich frisst oder ob er sie einfach aus dem Futternapf wirft.

Falls dein Wellensittich Widerstand zeigt, Pellets zu fressen, musst du ihm vielleicht helfen, sich an den Geruch und Geschmack dieses unbekannten Futters zu gewöhnen. Versuche, einige Pellets zu Pulver zu zerdrücken und streue sie über die Samen, das Gemüse oder das frische Obst, das du ihm normalerweise fütterst. Eine Variation dieser Technik besteht darin, zerdrückte Pellets auf den Boden des Futternapfs zu le-

gen und eine kleine Menge warmes Wasser hinzuzufügen, um sie auf-
zuweichen. Nach einigen Minuten gibst du die üblichen Samen in den
Futternapf und drückst sie in die aufgeweichten Pellets, bevor du den
Napf wieder in den Käfig stellst. Während dein Wellensittich die Samen
herauspickt, wird er mit dem Geschmack der Pellets vertraut.

Sobald dein Wellensittich beginnt, Pellets zu fressen, kannst du eine
kleine Menge Pellets mit seinen üblichen Samen mischen und dann allmählich das Verhältnis von Pellets zu Samen erhöhen. Beginne mit einer
Mischung aus 25 % Pellets und 75 % Samen über zwei Wochen. Wenn
dein Wellensittich seine neue Ernährung akzeptiert und weiterhin normal frisst, dann erhöhe den Anteil der Pellets alle zwei Wochen um 25 %
und verringere entsprechend die Menge an Samen.

Tue dies so lange, bis du ihn erfolgreich von einer samenbasierten
Ernährung auf eine pelletbasierte Ernährung umgestellt hast. Beobachte deinen Wellensittich sorgfältig während jedes Schritts des Übergangs
von Samen zu Pellets. Wenn seine Ausscheidungen abnehmen oder
wenn er aufhört, seine übliche tägliche Menge an mit Samen gemisch-
ten Pellets zu fressen, reduziere die Menge an Pellets und füge seiner
Ernährung mehr Samen hinzu. Warte weitere zwei Wochen, bevor du
versuchst, die Pelletmenge erneut zu erhöhen.

Fütterungsplan

Die Einrichtung eines regelmäßigen Fütterungsplans wird deinem
Wellensittich helfen, glücklich, aktiv und gesund zu bleiben. Wellensitti-
che mögen Routine, und ein konsequenter Fütterungsplan wird deinem
Gefährten die Sicherheit geben, dass er jeden Tag ungefähr zur gleichen
Zeit Futter erwarten kann.

Fülle den Futternapf deines Wellensittichs zweimal täglich mit Samen oder Pellets auf: einmal am Morgen und einmal am Nachmittag
oder frühen Abend. Biete täglich oder jeden zweiten Tag kleine Portionen frisches Gemüse an, um den Nährstoffbedarf deines Vogels zu dek-
ken. Für zusätzliche Abwechslung und zur Versorgung mit essentiellem
Protein und Kalzium serviere deinem Wellensittich etwa einmal pro Woche kleine Stücke hartgekochtes Ei. Da Früchte und Beeren mehr na-

türlichen Zucker enthalten als Gemüse, solltest du nur kleine Portionen Obst zwei- bis dreimal pro Woche anbieten. Bedenke, dass es normal ist, wenn die Ausscheidungen deines Wellensittichs nach dem Verzehr von Obst und Gemüse etwas wässriger oder lockerer werden, da diese Lebensmittel einen höheren Wassergehalt haben als Samen und Pellets.

Wasser

Fülle den Wassernapf deines Wellensittichs jeden Tag mit frischem, sauberem Wasser auf. Wechsel das Wasser außerdem, wenn sich Futterpartikel oder Vogelkot darin befinden. Schmutziges Wasser kann schädliche Bakterien beherbergen, die deinen Vogel krank machen können. Es ist daher ratsam, den Wassernapf gelegentlich zu überprüfen, um sicherzustellen, dass das Wasser noch sauber ist.

Gemüse

Dein Wellensittich kann folgendes Gemüse fressen:

- ✓ Alfalfa-Sprossen
- ✓ Bohnen (gekocht)
- ✓ Brokkoli
- ✓ Kohl
- ✓ Karotten
- ✓ Blumenkohl
- ✓ Koriander
- ✓ Gurke
- ✓ Endivie
- ✓ Grüne Bohnen
- ✓ Paprika
- ✓ Grünkohl
- ✓ Senf-Blätter
- ✓ Mungobohnen-Sprossen
- ✓ Petersilie
- ✓ Erbsen
- ✓ Kartoffel (gekocht)
- ✓ Kürbis
- ✓ Radieschen
- ✓ Sojabohnen
- ✓ Spinat
- ✓ Speisekürbis
- ✓ Brunnenkresse
- ✓ Weizengras-Sprossen
- ✓ Süßkartoffel
- ✓ Zucchini

Obst

Dein Wellensittich kann folgendes Obst und Beeren fressen:

- ✓ Äpfel
- ✓ Bananen
- ✓ Brombeeren
- ✓ Heidelbeeren
- ✓ Cantaloupe-Melone
- ✓ Kirschen
- ✓ Feigen
- ✓ Weintrauben
- ✓ Guave
- ✓ Kiwi
- ✓ Mango

- ✓ Nektarinen
- ✓ Orangen
- ✓ Papaya
- ✓ Pfirsiche
- ✓ Birnen
- ✓ Ananas
- ✓ Pflaumen
- ✓ Himbeeren
- ✓ Erdbeeren
- ✓ Mandarinen
- ✓ Wassermelone

Wenn dein Leitungswasser für dich trinkbar ist, ist es wahrscheinlich auch für deinen Wellensittich unbedenklich. Einige Wellensittichhalter bevorzugen gefiltertes Wasser oder abgefülltes Trinkwasser, da viele Wasseraufbereitungsanlagen Chlor und andere Chemikalien zur Desinfektion des Wassers verwenden. Obwohl Wasser mit niedrigen Gehalten an chemischen Desinfektionsmitteln als sicher für den menschlichen Verzehr gilt, kann es für kleine Vögel schädlich sein. Wenn dein Leitungswasser chloriert ist oder wenn du dir über die Qualität des Leitungswassers in deiner Gegend nicht sicher bist, verwende stattdessen abgefülltes, nicht kohlensäurehaltiges Trinkwasser.

Gemüse und Obst

Frisches Obst und Gemüse versorgen deinen Wellensittich mit den essentiellen Vitaminen und Nährstoffen, die gemischtes Vogelfutter und Pellets allein nicht liefern. Dein Wellensittich wird es auch genießen, die verschiedenen Geschmacksrichtungen und Texturen dieser Lebensmittel zu probieren. Experimentiere mit verschiedenen Arten, diese frischen Lebensmittel zu servieren, um zu sehen, wie dein Wellensittich sie am liebsten frisst. Wilde Wellensittiche sind Bodenfresser. Daher könnte es sein, dass dein Vogel gerne gehacktes Obst und Gemüse aus einem kleinen Napf am Boden des Käfigs frisst. Einige Vögel genießen es auch, an Obstscheiben und Blattgemüse zu knabbern, die von oben aufgehängt oder an der Seite des Käfigs in der Nähe einer Sitzstange befestigt sind.

Achte darauf, alle Früchte und Gemüse vor dem Servieren zu waschen, um Spuren von Pestiziden oder chemischen Düngemitteln zu beseitigen. Entferne auch Samen und Kerne, bevor du Obst servierst, da einige giftig sind. Entsorge nicht gefressenes Obst und Gemüse nach einigen Stunden, um Verderb zu vermeiden.

Kalzium und Spurenelemente

Obwohl eine Grundernährung aus Pellets oder Samen und kleinen Portionen frischem Obst und Gemüse die meisten Ernährungsbedürfnisse deines Wellensittichs befriedigt, benötigt er immer noch zusätzliches Kalzium und Spurenelemente. Um seine Ernährung zu vervollständigen, platziere eine Sepiaschulpe oder einen Mineralblock im Käfig, um diese lebenswichtigen Nährstoffe bereitzustellen. Eine Schulpe ist die innere Schale des Tintenfischs, eines nahen Verwandten des Kalmars.

Mineralblöcke werden künstlich hergestellt, indem

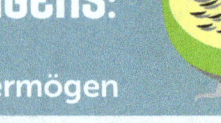

ÜBRIGENS:

Sehvermögen

Wellensittiche haben eine einzigartige Art, die Welt zu sehen, die als monokulares Sehen bezeichnet wird. Diese Eigenschaft bedeutet, dass Wellensittiche jedes Auge unabhängig voneinander bewegen können. Im Gegensatz dazu haben Menschen ein binokulares Sehen und benutzen beide Augen gleichzeitig. Das monokulare Sehen ermöglicht es Wellensittichen, Bereiche auf jeder Seite ihres Körpers zu beobachten, was ihr Sichtfeld vergrößert. Wellensittiche können nicht nur mehr sehen als Menschen, ihr Sehvermögen ist auch viel besser als unseres.

Kalzium, Mineralien und andere wichtige Nährstoffe in Form eines kleinen runden oder rechteckigen Blocks gepresst werden. Die meisten Mineralblöcke und Sepiaschulpen werden mit Clips geliefert, mit denen du sie an der Innenseite des Käfigs in der Nähe einer Sitzstange befestigen kannst. Sepiaschulpen haben eine harte und eine weiche Seite und müssen so angebracht werden, dass die weiche Seite zum Inneren des Käfigs zeigt.

Mach dir keine Sorgen, wenn dein Wellensittich selten Interesse an der Sepiaschulpe oder dem Mineralblock zeigt. Er wird daran knabbern, wenn er es braucht.

Foto Von
Alisha Morton

Expertenrat:

Ernährungsberatung

Eine ausgewogene Ernährung ist entscheidend für die Gesundheit von Wellensittichen. Neue Halter unterschätzen oft die Bedeutung einer vielfältigen Ernährung. Samenmischungen sind zwar üblich, sollten aber nicht die einzige Nahrungsquelle sein. Die Ergänzung mit Pellets, frischem Obst und Gemüse liefert wichtige Vitamine und Mineralstoffe. Die Ernährung sollte an Alter, Gesundheit und Aktivitätslevel angepasst werden. Die Überwachung der Futteraufnahme und ein vielfältiges Nahrungsangebot helfen, Mangelerscheinungen zu vermeiden und ein gesünderes Leben zu fördern.

> *Biete deinem Wellensittich frisches Obst und Gemüse an. Nur weil sie es an einem Tag nicht mögen, heißt das nicht, dass sie es an einem anderen Tag nicht mögen werden. Streue etwas Samen über das Obst/ Gemüse, um sie zu ermutigen, diese zu probieren ."*

JENNIFER TAYLOR,
Jennifers Wellensittiche

> *Der größte Mythos, den ich bezüglich der Ernährung sehe, ist, dass Pellets das Beste seien, was du deinem Papagei anbieten kannst, und dass Samen Junkfood wären. Das stimmt einfach nicht. Pellets sind hitzebehandelt, bieten nur wenige Nährstoffe und decken lediglich die Grundversorgung deines Vogels mit Vitaminen und Mineralstoffen ab. Samen sind kein Junkfood. Wellensittiche ernähren sich in freier Wildbahn hauptsäch-lich von Grassamen. Eine ausgewogene, hochwertige Samenmischung, die getrocknete Früchte, Gemüse und Pellets enthält, sowie das Angebot frischer Lebensmittel wie Grünzeug, gedämpfte Süßkartoffeln, Sprossen, Äpfel usw. können die Gesundheit deines Wellensittichs verbessern. Wellensittiche sind insgesamt keine großen Frischfutterfresser, da sie Grassittiche sind, aber es ist immer eine gute Idee, zu recherchieren, wie man frische Lebensmittel in die Er-nährung deines Vogels einbauen kann."*

SHANNON COCHRAN,
Chesapeake Aviary

> " Die meisten Samenmischungen, die heutzutage für Wellensittiche ver-
> marktet werden, enthalten kleine farbige Pellets, die die meisten Vögel
> nicht fressen. Kaufe eine gute, reine Samenmischung für Wellensittiche und
> ergänze sie mit Blattge-müse, Brokkoli usw. Viele Vögel fressen diese zunächst
> nicht, aber lege weiterhin ein wenig in den Käfig, damit sie sich damit ver-
> traut machen können, oder habe etwas auf deinem Teller, wenn der Vogel
> während deiner Mahlzeiten draußen ist. Kaufe keine großen Mengen Samen
> auf einmal, da sie ihren Nährwert verlieren, bevor sie gefressen werden.
> Lagere überschüssige Samen im Gefrierschrank. Wel-lensittiche fressen unge-
> fähr ein halbes Kilo Samen pro Monat oder weniger, also kaufe entsprechend
> ein."

SUSAN M. ANDRESEN,
Bull City budgies

Biete deinem Wellensittich keinen Grit als Mineralstoffergänzung an. Wellensittiche brauchen keinen Grit, um ihre Nahrung zu verdauen, da sie die Schalen entfernen, bevor sie Samen schlucken, sodass kaum unverdauliches Material in ihrer Ernährung vorhanden ist. Einige Wellensittiche nehmen zu viel Grit zu sich, wenn er angeboten wird, was zu einer Verstopfung des Magen-Darm-Trakts führen kann.

Ungesunde Lebensmittel

Obwohl viele der Lebensmittel, die du genießt, auch für deinen Wellensittich unbedenklich sind, sind einige Lebensmittel potenziell giftig. Hier ist eine Liste von Lebensmitteln, die du deinem Wellensittich niemals zu fressen geben solltest:

Alkohol: Erlaube deinem Wellensittich nicht, alkoholische Getränke zu trinken. Alkohol ist für Vögel giftig und kann zum Tod führen.

Avocado: Die Avocadopflanze enthält ein fungizides Toxin namens Persin. Wenn es von einem Vogel aufgenommen wird, kann Persin Herzschäden, Atemprobleme, Schwäche und plötzlichen Tod verursachen.

Getrocknete Bohnen: Viele trockene, ungekochte Bohnen enthalten Proteine namens Lektine, die für Vögel hochgiftig sind. Wenn Bohnen jedoch gründlich gekocht werden, sind sie ein gesundes Lebensmittel, das Wellensittiche sicher genießen können.

WICHTIG!
Blutverlust

Aufgrund der geringen Größe von Wellensittichen haben sie ein kleines Blutvolumen. Daher könnte der Verlust von nur einem Dutzend Bluttropfen für diese Vögel tödlich sein. Wenn dein Vogel aufgrund eines Traumas blutet, ist es entscheidend, mit steriler Verbandsmull Druck auf die Stelle auszuüben und sofort tierärztliche Hilfe zu suchen, wenn die Blutung anhält.

Koffein: Erlaube deinem Wellensittich niemals, Kaffee, Tee oder koffeinhaltige Getränke zu trinken. Bereits sehr kleine Mengen Koffein können die Herzfrequenz erhöhen, Arrhythmien auslösen oder bei Vögeln einen Herzstillstand verursachen.

Schokolade: Selbst kleine Mengen Schokolade können bei Vögeln Erbrechen, erhöhte Herzfrequenz, Krampfanfälle und Tod verursachen.

Obstsamen: Entferne immer die Samen, bevor du deinem Wellensittich Obst servierst. Die Samen vieler gängiger Früchte enthalten Spuren einer giftigen Cyanidverbindung.

Knabberzeug und Fast Food: Biete deinem Vogel niemals einen Bissen von salzigen, fettigen oder zuckerhaltigen Lebensmitteln wie Kartoffelchips, Pommes frites oder Brezeln an. Salz und Zucker können das Elektrolyt- und Flüssigkeitsgleichgewicht im winzigen Körper deines Wellensittichs stören. Die Auswirkungen können tödlich sein.

Zwiebeln und Knoblauch: Obwohl diese Gemüsesorten für Menschen gesund sind, enthalten sie chemische Verbindungen, die für Vögel giftig sind und die Auskleidung von Mund, Speiseröhre und Kropf reizen können, was zu Geschwüren führen kann.

Rhabarber: Die in Rhabarber enthaltene Oxalsäure kann schwere Reizungen des Verdauungssystems eines Vogels verursachen.

Interaktion

Zeit außerhalb des Käfigs

Zusätzlich zu einer ausgewogenen Ernährung benötigt dein Wellensittich regelmäßige Bewegung, um schlank und gesund zu bleiben. Wilde Wellensittiche verbringen einen Großteil ihrer Zeit mit dem Fliegen, dem Klettern und der Suche nach Nahrung. Sobald dein Wellensittich zahm ist und sich an seinen neuen Käfig und seine Umgebung gewöhnt hat, kannst du ihm erlauben, Zeit außerhalb des Käfigs zu verbringen. Dies wird deinem Wellensittich helfen, in guter körperlicher Verfassung zu bleiben. Je mehr Zeit er unter Aufsicht außerhalb des Käfigs verbringt, desto mehr wird er daran interessiert sein, mit dir und anderen Familienmitgliedern zu interagieren.

Die Zeit, die du deinem Wellensittich für Bewegung außerhalb des Käfigs zur Verfügung stellst, hängt weitgehend von der Zeit ab, die du aufwenden kannst. Versuche, mindestens zwei 15-minütige Bewegungseinheiten pro Tag anzubieten. Wenn möglich, erhöhe die Zeit, die dein Wellensittich außerhalb des Käfigs verbringen darf, auf ein bis zwei Stunden pro Tag. Beobachte deinen Vogel dabei. Wenn er während intensiver Bewegung schwer zu atmen beginnt, dann lass ihn eine Pause machen und zu Atem kommen, bevor ihr weiterspielt.

Fliegen ist die natürlichste Bewegung für Vögel und hilft ihnen dabei, ihre Herz-Kreislauf-Gesundheit, Muskelkraft und Atemfunktion zu verbessern. Bevor du deinen Wellensittich außerhalb des Käfigs fliegen lässt, stelle sicher, dass der Raum sicher ist:

Fenster und Türen: Halte alle Fenster und Türen geschlossen. Selbst gut trainierte Wellensittiche fliegen durch eine offene Tür oder ein offenes Fenster hinaus! Einmal draußen sind sie in der Regel unmöglich wieder einzufangen.

Ventilatoren: Schalte alle Ventilatoren aus, einschließlich der Deckenventilatoren. Wellensittiche können sich bewegende Ventilatorblätter nicht erkennen und können schwere Verletzungen erleiden, wenn sie hineinfliegen.

Spiegel: Entferne oder verdecke alle Spiegel im Raum. Ziervögel fliegen in Spiegel und verletzen sich, weil sie diese als offenen Raum und nicht als feste Objekte wahrnehmen.

Kabel: Verstecke oder ziehe alle elektrischen Kabel im Raum aus der Steckdose. Dein Wellensittich wird versucht sein, an freiliegenden elektrischen Kabeln zu knabbern, was eine potenzielle Brandgefahr darstellen und deinen Vogel einem Stromschlag aussetzen kann.

Wasser: Wellensittiche werden von Wasser angezogen und können beim Erkunden des Wassers in offenen Toilettenschüsseln oder stehendem Wasser in Waschbecken und Badewannen ertrinken.

Deinen Wellensittich zum Tanzen zu ermutigen, ist eine wundervolle Möglichkeit, um ihn dazu zu animieren, sich außerhalb des Käfigs zu bewegen. Vögel reagieren von Natur aus auf Geräusche und viele Wellensittiche reagieren auf Musik, indem sie ihre Köpfe auf und ab bewegen und ihre Füße im Rhythmus bewegen. Wellensittiche scheinen lebhafte Musik mit mittlerem Tempo zu bevorzugen, einschließlich Pop- und Reggae-Melodien. Höre mit deinem Vogel unterschiedliche Musikarten, um herauszufinden, was er mag. Beobachte ihn dabei, damit du siehst, ob er beginnt, sich zu wiegen oder zu bewegen. Wenn er das tut, lobe ihn und biete ihm einen Leckerbissen an, um seinen inneren Tänzer zu ermutigen. Wenn er etwas zögerlich ist, von selbst zu tanzen, zeige ihm, wie viel Spaß es machen kann, indem du dich im Takt der Musik bewegst oder ihm Videos von anderen tanzenden Vögeln zeigst. Während dein Wellensittich Fortschritte macht, lobe ihn weiterhin und biete Leckerbissen an. Schon bald wird er anfangen zu tanzen, wann immer du eines seiner Lieblingslieder spielst.

Menschliche Interaktion

Wellensittiche sind von Natur aus verspielt und liebevoll. Sie genießen es, Zuneigung von ihren menschlichen Besitzern zu erhalten. Da Küssen eine übliche Art für Menschen ist, Zuneigung zu zeigen, könnte es völlig natürlich erscheinen, deinen Wellensittich auf den Schnabel zu küssen. Aber während ein schneller Kuss auf den Kopf deines Wellensittichs wahrscheinlich keinen Schaden anrichtet, kann das Küssen eines Wellensittichs in der Nähe des Schnabels schädliche Bakterien auf deinen Vogel übertragen, die schwere Krankheiten verursachen können.

Bakterien werden im Allgemeinen als grampositiv oder gramnegativ klassifiziert, basierend auf den verschiedenen Arten von Zellwänden, die sie haben. Die natürlich vorkommenden Bakterien im Magen-Darm-Trakt von Vögeln sind hauptsächlich grampositiv, während die natürlich vorkommenden Bakterien im Magen-Darm-Trakt von Menschen und anderen Säugetieren hauptsächlich gramnegativ sind.

Egal wie sauber dein Mund ist, dein Speichel kann immer noch viele Arten von Bakterien tragen, gegen die das Immunsystem von Vögeln nicht gerüstet ist. Wenn einige dieser Bakterien auf deinen Wellensittich übertragen werden, könnte er eine lebensbedrohliche Atemwegs- oder Magen-Darm-Infektion entwickeln. Um zu vermeiden, dass dein Wellen-

Expertenrat:

Umgang und Sicherheit

Der richtige Umgang mit Wellensittichen und sicherer Freiflug sind wichtig für ihr Wohlbefinden und Vertrauensaufbau. Schrittweise Gewöhnung an menschliche Interaktion und eine sichere Erkundungsumgebung außerhalb des Käfigs sind entscheidend. Halter sollten mit sanfter, konstanter Interaktion beginnen, um Vertrauen aufzubauen. Sicherheitsmaßnahmen wie das Abdecken von Fenstern und Spiegeln sowie Überwachung während des Freiflugs sind unerlässlich zur Unfallverhütung.

66 *Beginne mit deinem neuen Wellensittich in einem kleinen Raum, der leicht abge-dunkelt werden kann. Arbeite zunächst im abgedunkelten Raum, um den Vogel ruhig zu halten. Bewege dich langsam und sprich leise. Gewöhne den Vogel nach und nach an deine Hand und nimm den Wellensittich behutsam aus dem Käfig. Wenn sich der Wellensittich auf deiner Hand wohlzufühlen scheint, gehe mit ihm in dem kleinen Raum umher. Zur Erhöhung der Sicherheit kürze ich bei jungen Wellensittichen die Flügel gerade so weit, dass sie etwas langsamer fliegen, bis sie gelernt haben, wo sich Fenster befinden, damit sie nicht zu hart dagegen fliegen."*

SUSAN M. ANDRESEN,
Bull City budgies

66 *Beim Umgang mit deinem Wellensittich solltest du niemals Kraft anwenden, es sei denn, es ist unbedingt notwendig für die Sicherheit des Vogels oder bei medizini-schen Notfällen. Arbeite daran, eine Beziehung zu deinem Vogel aufzubauen. Lass ihn gute Entscheidungen treffen und belohne die Wellensittiche dafür (Kolbenhirse ist normalerweise ein großer Hit!). Neue Wellensittiche möchten vielleicht nicht sofort herauskommen. Öffne die Tür und lass sie von selbst herauskommen. Achte nur darauf, dass die Umgebung sicher ist."*

SHANNON COCHRAN,
Chesapeake Aviary

66 *Mit deinem Vogel zu spielen und ihn an die Hand zu gewöhnen ist von Tag eins an wichtig. Wenn du den Wellensittich zu lange zur Eingewöhnung im Käfig lässt, neigen die Vögel dazu, sich zurückzu-entwickeln und werden noch scheuer gegen-über Händen. Beginne vom ersten Tag an mit dem Handling und der Interaktion. Achte darauf, dem Vogel im Käfig genügend Zeit zum Schlafen, Fressen usw. zu geben, aber spiele ruhig mit ihm und beginne, eine Bindung zu deinem neuen Familienmitglied aufzubauen!"*

MISTY MARUSKA & MELODY MARUSKA,
Parrots N Stuff

66 *Stelle sicher, dass die Jalousien heruntergelassen oder die Vorhänge zugezogen sind, wenn du deinen Wellensittich aus dem Käfig lässt. Du solltest auch große Spiegel abdecken. Achte darauf, dass Fenster mit Fliegengittern versehen und Türen geschlossen sind. Biete deinem Wellensittich einen separaten Spielplatz an, wo er/sie selbstständig spielen kann. Wellensittiche sollten sich in jeder Situation wohlfühlen, wenn sie auf deinen Finger steigen. So kannst du deinen Wellensittich sicher in den Käfig zurückbringen."*

DIANE P HYDE,
Long Island Parrot Society

66 *Geh immer langsam vor. Wenn du deinen Wellensittich die ersten Male aus dem Käfig lässt, stelle sicher, dass alle Fenster und Spiegel abgedeckt sind, damit der Vogel nicht dagegen fliegt und sich verletzt. Sobald dein Wellensittich die Umge-bung kennt, kannst du diese Dinge wieder freilegen."*

JENNIFER TAYLOR,
Jennifer's Budgies

sittich den schädlichen Bakterien in deinem Speichel ausgesetzt wird, biete ihm keine Nahrung an, von der du bereits abgebissen hast.

Widerstehe außerdem dem Drang, deinen Wellensittich auf den Schnabel zu küssen. Bessere Möglichkeiten, deinem Wellensittich zu zeigen, dass du ihn magst, sind, ihn mit Kolbenhirse oder einem anderen gesunden Leckerbissen zu füttern oder ihn sanft unter der Kehle oder am Hinterkopf und Nacken zu streicheln.

Vergiftung vermeiden

Dein Wellensittich wird regelmäßige Bewegung und Flugzeit außerhalb des Käfigs genießen. Du musst dafür aber sicherstellen, dass du ihn vor Haushaltsgegenständen schützt, die für Vögel giftig sind. Wellensittiche sind äußerst neugierig und knabbern oft an Dingen, während sie ihre Umgebung erkunden. Lasse keine Medikamente herumliegen, die ein neugieriger Wellensittich kauen oder schlucken kann. Vögel werden außerdem manchmal auch vom Geruch und Geschmack von Mäuse- und Rattengift angezogen. Wenn du Pestizide verwendest, dann stelle sicher, dass du sie an einem für deinen Vogel unzugänglichen Ort aufbewahrst.

Gibt es Zimmerpflanzen in deinem Zuhause? Während einige gängige Zimmerpflanzen sicher sind, sind andere für Vögel gefährlich, wie zum Beispiel die Vertreter der Philodendron-Familie. Unterbinde den Zugang zu Zimmerpflanzen, es sei denn, du bist sicher, dass sie für deinen Wellensittich unbedenklich sind. Du kannst eine Online-Suche durchführen, um herauszufinden, ob eine bestimmte Zimmerpflanze für Wellensittiche sicher oder unsicher ist.

Da Vögel äußerst empfindliche Atemwege haben, sind die Dämpfe vieler Haushaltsprodukte für Wellensittiche giftig. Dazu gehören Parfüms, Lufterfrischer, Duftkerzen, Haarspray, Insektizide, Mottenkugeln, Haushaltsreinigungsmittel und Dämpfe von trocknender Farbe, Lack und Klebstoffen. Vermeide die Verwendung von Produkten, die giftige Chemikalien enthalten, in der Nähe deines Wellensittichs. Halte deinen Wellensittich in einem anderen Raum, wenn du ein Produkt verwenden musst, bei dem du dir nicht sicher bist, ob es giftig für deinen Vogel ist.

Eine weniger offensichtliche Quelle von Dämpfen, die für Wellensittiche und andere Vögel extrem giftig sind, ist Antihaft-Kochgeschirr, das oft mit einem synthetischen Polymer namens Polytetrafluorethylen (PTFE) beschichtet ist. Eine Vielzahl von Küchenprodukten wird mit dieser Antihaftbeschichtung hergestellt, darunter Bratpfannen, Fritteusen, Grillpfannen, Grillplatten, elektrische Pfannen, Waffeleisen, Backbleche und weitere Küchenutensilien.

Obwohl Antihaft-Kochgeschirr im Allgemeinen als sicher für Menschen gilt, setzen PTFE-Beschichtungen bei höheren Temperaturen luftgetragene Giftstoffe frei, die bei Vögeln schwere Atemnot verursachen. Ein plötzlicher Tod tritt oft kurz nach der Exposition auf. Wenn du weiterhin Antihaft-Kochgeschirr verwenden musst, verwende nur niedrige bis mittlere Hitze und stelle sicher, dass der Küchenbereich gut belüftet ist. Halte deinen Vogel immer in einem anderen Raum, fern von der Küche, während des Kochens. Die einzige Möglichkeit, die Gefahr einer PTFE-Vergiftung vollständig zu beseitigen, besteht jedoch darin, Antihaft-Kochgeschirr aus der Küche zu entfernen.

Ärzte warnen Menschen vor den Gefahren von Tabakrauch, aber Rauch und Nikotin sind für Vögel noch schädlicher. Zigarettenrauch setzt luftgetragene Giftstoffe frei, die deinen Wellensittich anfällig für Atemwegsinfektionen und Krankheiten machen. Vögel nehmen Nikotin durch ihre Haut und Federn auf, was eine Entzündung der Füße, die Pododermatitis oder auch „Bumblefoot", verursachen und zu destruktivem Verhalten wie Federrupfen und Beißen an den Beinen und Füßen führen kann.

Typisches Wellensittichverhalten

Häufige Verhaltensweisen

Einer der vielen Gründe, warum Wellensittiche so beliebte Haustiere geworden sind, ist, dass Menschen sie gerne beim Spielen und Interagieren miteinander beobachten. Obwohl jeder Vogel seine

Foto Von
Samantha Stone

eigene, einzigartige Persönlichkeit hat, zeigen alle Wellensittiche gelegentlich die folgenden typischen Verhaltensweisen, wenn sie glücklich und gesund sind.

Ausstrecken: Nach einer Ruhephase dehnen Wellensittiche oft ihre Muskeln, genau wie viele andere Tiere. Es ist üblich, einen Wellensittich zu sehen, der zuerst ein Bein und einen Flügel auf einer Seite streckt und dann das andere Bein und den anderen Flügel streckt, bevor er zum Abschluss beide Flügel zusammen anhebt.

Aufplustern: Bevor ein Wellensittich schlafen geht oder bevor er eine neue Aufgabe beginnt, plustert er häufig seine Federn auf und schüttelt sich, um es sich bequem zu machen.

Auf einem Bein stehen: Wellensittiche ruhen manchmal auf einem Bein, weil es sich für sie angenehm anfühlt, und sie können so sogar schlafen.

Kopf verstecken: Einige Wellensittiche schlafen gerne mit dem Kopf in den aufgeplusterten Federn auf ihrem Rücken versteckt.

Kopfwackeln: Männliche Wellensittiche bewegen ihren Kopf als Teil ihres Balzverhaltens auf und ab. Weibchen beteiligen sich ebenfalls gerne an diesem Verhalten. Wenn sie glücklich und aufgeregt sind, bewegen Männchen manchmal auch ihren Kopf als Reaktion auf andere Männchen, Spielzeug und sogar Menschen.

Füttern: Wellensittich-Eltern würgen Futter hoch, um ihre Küken zu füttern, und erwachsene Wellensittiche würgen Futter für ihre Partner und Gefährten des gleichen Geschlechts hoch. Wellensittiche können auch Futter für Menschen hochwürgen, die sie besonders mögen.

Knabbern: Es ist natürlich für Wellensittiche, an Dingen zu kauen und sie zu zerreißen, um Zeit zu vertreiben und ihre Schnäbel zu pflegen. Sichere Holzarten, die du deinem Wellensittich zum Kauen und Knabbern anbieten kannst, sind: Apfel, Balsaholz, Bambus, Ulme, Eukalyptus, Manzanita, Ahorn und Kiefer. Stelle sicher, dass jedes Holz, das du deinem Wellensittich anbietest, nicht mit Holzbeize oder Lack beschichtet wurde und auch nicht mit Dünger oder Insektizid besprüht wurde.

Glocke läuten: Wellensittiche genießen ihr Spielzeug, und da sich eine Glocke bewegt und Geräusche macht, wenn sie angetippt wird, kann sie schnell zu einem Lieblingsspielzeug werden. Wenn das Interesse deines Wellensittichs an einer Glocke zwanghaft wird, kann dies darauf hindeuten, dass dein Vogel mehr Zeit mit dir verbringen muss oder einen Wellensittich-Gefährten braucht.

Fixierung mit den Augen: Wie andere Mitglieder der Papageienfamilie erweitern und verengen Wellensittiche manchmal schnell die

Pupillen ihrer Augen, wenn sie aufgeregt sind oder sich besonders für etwas interessieren.

Gähnen und Niesen: Wie Menschen gähnen Wellensittiche, wenn sie kurz vor dem Einschlafen sind oder wenn sie tagsüber viel Aktivität hatten. Sie niesen auch, um ihre Nasengänge zu reinigen.

Putzen und Pflegen: Mehrmals am Tag benutzen Wellensittiche ihre Schnäbel, um ihre Federn zu putzen und sie mit Öl aus der Bürzeldrüse an der Schwanzbasis wasserdicht zu machen. Wenn zwei Vögel zusammen sind, pflegen sie sich gegenseitig und konzentrieren sich oft auf Kopf- und Kinnbereiche, die ein einzelner Vogel selbst nicht erreichen kann.

Tierarztbesuche

Einen Tierarzt finden

Wie andere Haustiere sollte auch dein Wellensittich jährliche Gesundheitsuntersuchungen bei einem Tierarzt haben. Wilde Vögel verbergen instinktiv Anzeichen von Krankheit, um nicht schwach zu erscheinen und die Aufmerksamkeit von Raubtieren auf sich zu ziehen. Ziervögel folgen typischerweise dem gleichen Muster und verbergen gesundheitliche Probleme.

Ein Tierarzt kann oft frühe Anzeichen einer Krankheit erkennen, bevor sie zu einem ernsteren Problem wird. Regelmäßige Untersuchungen ermöglichen es dem Tierarzt auch, Aufzeichnungen über die Gesundheitsgeschichte deines Wellensittichs zu führen, was es einfacher macht, Gesundheits- und Ernährungsprobleme frühzeitig zu erkennen. Idealerweise wählst du einen Tierarzt, bevor du deinen Wellensittich kaufst, und vereinbarst einen Termin für die erste Untersuchung deines Vogels an dem Tag, an dem du ihn nach Hause bringst, um sicherzustellen, dass er gesund ist.

Obwohl die meisten Tiermedizinstudenten eine Vielzahl von Tierarten studieren und viele Tierärzte zumindest etwas mit Vögeln vertraut sind, unterscheiden sich die Anatomie und Physiologie eines Vogels stark von der von Hunden und Katzen. Wenn möglich, dann ist es am besten, einen Tierarzt zu finden, der sich auf die Pflege und Behandlung von Vögeln spezialisiert hat.

Eine weitere Möglichkeit, deine Suche nach einem Tierarzt einzugrenzen, besteht darin, Vogelbesitzer, Züchter und Zoohandlungen nach Empfehlungen zu fragen. Wenn du keinen Vogeltierarzt in deiner Umgebung finden kannst, kannst du immer lokale Tierarztpraxen direkt kontaktieren und nachfragen, ob jemand in ihrer Praxis Erfahrung mit Vögeln hat. Obwohl sich einige Tierärzte nicht auf Vögel spezialisieren, haben sie möglicherweise viele Jahre Erfahrung in der Behandlung und Pflege von Vögeln.

Sobald du einen lokalen Tierarzt gefunden hast, rufe die Praxis an und bitte um einen Termin zum Kennenlernen. Dies gibt dir die Möglichkeit, einige Fragen über die Tierarztpraxis zu stellen und festzustellen, ob du eine gute Beziehung zu der Person hast, die zu einer Schlüsselfigur im Leben deines Wellensittichs werden wird. Hier sind einige Fragen, die du während deines Einführungsbesuchs mit dem Tierarzt besprechen kannst:

- Wie viele Vögel behandeln Sie jede Woche?
- Welche Erfahrungen haben Sie mit Wellensittichen?
- Wie hoch sind die Kosten für Ihre Dienstleistungen?
- Wie oft sollte mein Wellensittich Gesundheitsuntersuchungen erhalten?
- Welche Arten von Vogeloperationen führen Sie durch?
- Wie werden Notfälle behandelt, wenn die Praxis geschlossen ist?
- Machen Sie Hausbesuche?

Der erste Tierarztbesuch

Beim ersten Besuch deines Wellensittichs beim Tierarzt wird das Personal wichtige Informationen über das Alter, Geschlecht, Gewicht und die aktuelle Ernährung deines Vogels sammeln. Bevor der Tierarzt eine körperliche Untersuchung durchführt, wird er deinen Wellensittich möglicherweise sanft in einem Handtuch festhalten, um Verletzungen zu vermeiden.

Bei der Erstuntersuchung wird der Tierarzt wahrscheinlich Augen, Ohren, Nasenöffnungen, Mund, Beine, Zehen und Flügel auf Anomalien überprüfen. Der Tierarzt wird auch den allgemeinen Zustand der Federn bewerten und den Kropf vorsichtig auf Anzeichen einer Verstopfung abtasten. Je nach Gesundheit und Alter deines Vogels könnte der Tierarzt einen routinemäßigen Bluttest und eine Kotanalyse empfehlen, um einen Parasitenbefall auszuschließen. All diese Informationen werden aufgezeichnet, um die Gesundheitsbasis deines Wellensittichs zu erstellen, die als Referenzpunkt dient, falls dein Vogel in Zukunft gesundheitliche Probleme entwickelt.

Anzeichen eines kranken Wellensittichs

Wellensittiche sind im Allgemeinen robuste Vögel, aber selbst bei bester Pflege können sie sich verletzen oder eine Krankheit entwickeln. Je vertrauter du mit dem Aussehen und Verhalten deines gesunden Wellensittichs bist, desto einfacher wird es für dich sein, erste Anzeichen von Krankheit oder Unwohlsein zu erkennen. Überwache alle Verhaltensänderungen und körperlichen Anzeichen, die auf ein Problem hindeuten könnten. Da Vögel manchmal mehrere Stunden oder sogar Tage krank sein können, bevor sie sichtbare Symptome zeigen, kontaktiere deinen Tierarzt so bald wie möglich, wenn du denkst, dass dein Wellensittich krank oder verletzt sein könnte.

Wenn sich das Verhalten oder Aussehen deines Wellensittichs plötzlich ändert, achte auf die folgenden häufigen Anzeichen einer Krankheit:

Lethargie: Ein normalerweise aktiver Wellensittich, der kein Interesse daran zu haben scheint, mit Spielzeug zu spielen oder mit dir zu interagieren, fühlt sich möglicherweise nicht wohl.

Appetitlosigkeit: Wellensittiche haben einen hohen Stoffwechsel. Weniger als üblich zu fressen könnte darauf hindeuten, dass dein Vogel krank ist.

Ausfluss: Kontaktiere den Tierarzt, wenn du einen laufenden Ausfluss aus den Augen, der Wachshaut oder der Kloake deines Wellensittichs bemerkst.

Aufplustern: Ein gesunder Wellensittich wird von Zeit zu Zeit seine Federn aufplustern, um sich zu entspannen. Ein Wellensittich, der sich nicht wohlfühlt, wird stillbleiben und seine Federn für längere Zeit aufgeplustert halten.

Müdigkeit: Mehr als üblich zu schlafen kann auf eine Krankheit hindeuten, besonders wenn dein Wellensittich beginnt, auf zwei Füßen zu schlafen, wenn er normalerweise auf einem Fuß schläft, oder wenn er sich auf einer Sitzstange hinlegt oder am Boden des Käfigs kauert.

Schweres Atmen: Hecheln, Keuchen oder Pfeifen kann darauf hindeuten, dass dein Vogel überhitzt ist, eine Atemwegsinfektion entwickelt oder einen luftgetragenen Reizstoff eingeatmet hat. Bei weiblichen Wellensittichen kann Hecheln auch ein Symptom für Legenot sein.

Schwanzwackeln: Wenn die Schwanzfedern deines Vogels auf- und abwippen, während er auf einer Sitzstange ruht, und er nicht außer Atem von kürzlicher Bewegung ist, könnte dies auf ein mögliches Atemproblem hindeuten.

Humpeln: Wenn dein Wellensittich Schwierigkeiten beim Gehen hat, hat er möglicherweise eine Beinverletzung erlitten, eine bakterielle Infektion entwickelt oder wurde einer giftigen Substanz ausgesetzt.

Federausfall: Es ist während des Mauserns für Wellensittiche normal, ihre alten Federn abzuwerfen, damit neue wachsen können. Wenn dein Vogel beginnt, Federn außerhalb des normalen Mauserprozesses zu verlieren, könnte dies ein Zeichen von Stress, Nährstoffmangel oder Krankheit sein, und du solltest den Tierarzt kontaktieren.

Hängende Flügel: Herabhängende Flügel sind ein Zeichen von Krankheit. Ein einzelner hängender Flügel kann darauf hindeuten, dass der Flügel verletzt wurde.

Ungewöhnliche Ausscheidungen: Wenn sich die Ernährung deines Vogels nicht geändert hat, können wässrige Ausscheidungen oder Ausscheidungen, die gelb, rot oder schwarz sind, auf ein Gesundheitsproblem hindeuten. Es ist ein akuter Notfall, wenn du Blut in den Ausscheidungen siehst.

Expertenrat:

Stresszeichen in den ersten Wochen

In den ersten Wochen sollten neue Halter auf untypische Verhaltensweisen achten, die Gesundheitsprobleme anzeigen können. Wichtige Anzeichen sind ungewöhnliche Ruhe, aufgeplustertes Sitzen (häufiges Krankheitszeichen), Futterverweigerung oder schwere Atmung. Diese Symptome können auf Stress durch die neue Umgebung oder ernstere Gesundheitsprobleme hindeuten. Regelmäßige Beobachtung und schnelle Reaktionen sind entscheidend für das Wohlbefinden des Wellensittichs.

> *Wenn dein Vogel aufgeplustert ist, am Boden des Käfigs sitzt, viel schläft und nicht frisst, sind das alles Anzeichen dafür, dass etwas nicht stimmt. Manchmal frisst dein Wellensittich an den ersten Tagen nicht, aber das ist normal. Wenn es lange anhält, wende dich an einen Vogeltierarzt oder an den Züchter, falls du deinen Wellensittich von dort bekommen hast."*

JENNIFER TAYLOR,

Jennifer's budgies

> *Die meisten einzelnen Wellensittich-Jungtiere bewegen sich nicht viel, wenn sie in ein neues Zuhause kommen. Viele verhalten sich in den ersten Tagen wie Statuen. Manchmal ist es normal, dass sie am ersten Tag nichts fressen. All das deutet auf nichts anderes hin als auf die Umstellung, die mit dem Umzug in ein neues Zu-hause verbunden ist."*

PAUL LEWIS,

Birds Unlimited

> *Das Wichtigste ist, sicherzustellen, dass der neue Wellensittich frisst. Beachte, dass Samenschalen im Napf weggeblasen werden sollten, damit der Vogel die Samen darunter finden kann. Aufgeplustertes Sitzen und Zusammenkauern sind niemals gute Zeichen. Wellensittich-Krankheiten sind sehr schwer zu diagnostizieren und noch schwieriger rechtzeitig zu behandeln."*

SUSAN M. ANDRESEN,

Bull City budgies

66 *Untypisches Verhalten ist Aufplustern, geschlossene Augen, Verweilen am Käfig-boden, Appetitlosigkeit, Schwanzwippen, ein-getuschter Kopf (obwohl das Eintu-schen des Kopfes normal sein kann, wenn der Wellensittich sich nur ausruht; wenn sie sich nicht wohlfühlen, werden sie ebenfalls ihre Köpfe eintuschen). Erbrechen könnte auf ein Atemwegsproblem, etwas mit dem Kropf oder möglicherweise auf etwas, das sie gefressen haben und ihren Magen verstimmt hat, hindeuten. Ein Besuch bei einem Vogeltierarzt ist notwendig."*

DIANE P HYDE,
Long Island Parrot Society

66 *Vögel sind in freier Wildbahn Beutetiere. Sie haben die Kunst per-fektioniert, nicht krank auszusehen. Wenn mit deinem Vogel etwas nicht stimmt, kennst du das Tier am besten [...]. Geh schnell zum Tierarzt. Regelmäßiges Wiegen der Vögel ist eine der besten Methoden, um eine Krankheit zu erkennen. Höchstwahrscheinlich wird der Vogel an Gewicht verlieren, bevor er sichtbar krank erscheint. Kranke Vögel sollten warm, hydriert und so ruhig wie möglich gehalten werden, bis du sie zum Tierarzt bringen kannst."*

LESLIE CORYN,
Featherbelle Aviary

66 *Untypische Verhaltensweisen, auf die du bei einem neuen Vogel achten solltest, sind übermäßiges Aufplustern der Federn, Lethargie und eine verschmutzte Klo-ake. Dies sind die häufigsten Anzeichen, die du bei einem kranken Wellensittich beobachten wirst. Da Wellensittiche Beutetiere sind, sind sie sehr gut darin, ihre Krankheiten zu verbergen. Weitere Warnzeichen sind Federbruch und seltsame Gefiederstörungen. Diese könnten Anzeichen für Französische Mauser, PBFD oder Polyomaviren sein. Übermäßiges Kratzen könnte auf Milben hindeuten. Knemidokoptes-Milben (Kalkbeinchen) sind sehr auffällig und verur-sachen Ver-krustungen an den Füßen und schuppige, rissige Läsionen am Schnabel."*

SHANNON COCHRAN,
Chesapeake Aviary

KAPITEL 5

Deinen Wellensittich nach Hause bringen

Einführung in das neue Heim

Den Käfig kennenlernen

Der Tag ist endlich gekommen, an dem du deinen Wellensittich nach Hause bringst! Es ist eine aufregende Zeit für euch beide und eine wunderbare Gelegenheit, dafür zu sorgen, dass sich dein neuer Freund von Anfang an sicher und wohlfühlen.

Wellensittiche reagieren von Natur aus empfindlich auf Veränderungen und der Umzug in eine neue Umgebung kann für sie stressig sein. Bevor du deinen Wellensittich in sein neues Zuhause einführst, solltest du sicherstellen, dass der Käfig vollständig mit Sitzstangen, Spielzeug und ausreichend frischem Futter und Wasser für die ersten 24 Stunden ausgestattet ist. Fülle den Futternapf idealerweise mit genau dem gleichen Körnerfutter oder den Pellets, die er bisher gewohnt war. Biete ihm keine Früchte, Gemüse oder unbekannte Nahrungsmittel an, bis er genügend Zeit hatte, sich an seine neue Umgebung zu gewöhnen.

Achte darauf, dass der Raum, in dem sich der Käfig befindet, nachts relativ dunkel ist, damit dein Wellensittich genügend Ruhe finden kann. Vögel brauchen etwa 12 Stunden hochwertigen Schlaf jede Nacht. Falls nötig, lege nachts ein dunkles Tuch oder Handtuch über die obere Hälfte des Käfigs, um den Schlafbereich vor zu viel Umgebungslicht zu schützen.

Versuche bei der Umsetzung deines Wellensittichs aus einem Karton oder einer Transportbox in seinen neuen Käfig so sanft und behutsam wie möglich vorzugehen. Wenn du deinen Wellensittich in einer Transportbox nach Hause bringst, kannst du die Box neben den Käfig stellen und deinem Vogel erlauben, die Box selbstständig zu verlassen, ohne ihn mit der Hand herausnehmen zu müssen. Um dies sicher zu tun, öffnest du die Käfigtür und stellst die Transportbox Tür an Tür mit dem Käfig. Verwende, wenn nötig, ein großes Tuch (z. B. ein Handtuch), um die Seiten der Box und des Käfigs abzudecken, damit dein Wellensittich nicht entkommen kann. Öffne dann vorsichtig die Tür der Transportbox und tritt beiseite. Warten, bis dein Vogel die Box verlässt und in den Käfig geht. Nachdem er den Käfig betreten hat, schließe die Käfigtür und stelle die Transportbox beiseite.

Eingewöhnung

In den ersten Tagen nach seiner Ankunft braucht dein Wellensittich ein möglichst stressfreies Umfeld. Gib ihm die Möglichkeit, sich mit den Eindrücken und Geräuschen seiner neuen Umgebung vertraut zu machen. Beginne von Tag eins an mit sanftem, behutsamem Umgang und gib ihm genügend Ruhepausen.

Es ist normal, dass sich dein Vogel ängstlich und etwas überfordert fühlt, während er sich an sein neues Zuhause gewöhnt. Je nach seiner Persönlichkeit und vorherigen Umgebung kann es sein, dass er ein oder zwei Tage lang still im Käfig sitzt, ohne einen Laut von sich zu geben. Möglicherweise vermeidet er es, in deiner Anwesenheit zu fressen oder zu trinken. Beschäftige dich mit deinem Wellensittich. Biete deine Hand langsam an und erlaube ihm, in seinem eigenen Tempo auf dich zuzukommen, aber vermeide abrupte Bewegungen, die ihn erschrecken könnten. Vermeide es, laute Musik zu spielen oder in der Nähe des Käfigs laute Geräusche zu machen.

Bevor dein Wellensittich beginnen kann, dir zu vertrauen, muss er sich in seinem Käfig sicher und geborgen fühlen und sich in deiner Gegenwart wohlfühlen. Schau mehrmals täglich nach deinem Wellensittich, interagiere ruhig mit ihm und erlaube ihm, sich an deine Berührung zu gewöhnen. Wenn du den Raum betrittst oder dich dem Käfig näherst, sprich mit ihm in einer sanften, beruhigenden Stimme und lass ihn dein Gesicht sehen, damit er sich an dich gewöhnen kann. Wenn du deinem Wellensittich bereits einen Namen gegeben hast, sage häufig seinen Namen im gleichen Tonfall und beginne, einige der Wörter und Sätze zu wiederholen, die du typischerweise bei der Interaktion mit ihm verwenden wirst. Wellensittiche sind intelligente, soziale Wesen, und mit der Zeit beginnen sie, eine starke Bindung zu den Menschen aufzubauen, die sie erkennen und denen sie vertrauen.

Dich kennenlernen

Etwa eine Woche nach der Ankunft deines Wellensittichs kannst du allmählich die Zeit, die du täglich mit ihm verbringst, erhöhen. Sprich oder singe häufiger in einem beruhigenden Ton mit ihm, damit er sich an den Klang deiner Stimme gewöhnt. Das Sprechen ahmt das natürliche Schwarmverhalten der Wellensittiche nach und signalisiert, dass alles in Ordnung ist. Sage den Namen deines Wellensittichs oft, aber erwarte nicht, dass er darauf reagiert. In dieser Phase hilfst du ihm lediglich, sich in deiner Nähe woh-

ler zu fühlen.

Stelle einen Stuhl in kurzer Entfernung zum Käfig auf, von wo aus dein Wellensittich dich sehen kann. Gehe mehrmals am Tag langsam zum Stuhl und setze dich für 10 bis 15 Minuten ruhig hin, um ein Buch zu lesen oder einer anderen friedlichen Beschäftigung nachzugehen. Vermeide es in diesem frühen Stadium eurer Beziehung, deinen Wellensittich anzustarren oder Blickkontakt herzustellen. Dies könnte bei ihm den Eindruck erwecken, dass du ein Raubtier bist und ihn als potenzielle Mahlzeit betrachtest!

Nähere dich zwei- oder dreimal täglich langsam dem Käfig und lege deine Hand sanft an die Seite. Lass deine Hand für einige Sekunden

ÜBRIGENS:

Gesellige Wesen

In freier Wildbahn reisen Wellensittiche in Schwärmen von nur drei bis zu mehreren tausend Vögeln. Diese Vogelschwärme sind für ihre Lautstärke bekannt, wenn sie für den Winter nach Norden ziehen. Wellensittiche sind sehr gesellig, daher ist es ungewöhnlich, einzelne Wellensittiche in freier Wildbahn zu sehen.

dort, bevor du sie langsam wieder wegnimmst. Dies zeigt deinem Wellensittich, dass deine Hand nichts ist, wovor er Angst haben muss. Es erleichtert außerdem die spätere Zähmung und das Training.

Obwohl die Fortschritte anfangs langsam erscheinen mögen, wird dein Wellensittich bald beginnen, deine Anwesenheit zu akzeptieren, ohne zu flattern oder andere Anzeichen von Nervosität zu zeigen. Nun könnt ihr beginnen, eine Vertrauensbeziehung zueinander aufzubauen.

INFO BOX

Die 3-3-3-Regel

Leslie Coryn, Featherbelle Aviary

"Bei der Adoption von Hunden gibt es die 3-3-3-Regel: Drei Tage. Drei Wochen. Drei Monate. Diese lässt sich auch auf junge Wellensittiche anwenden. In den ersten drei Tagen wird sich dein Wellensittich überfordert fühlen und sich möglicherweise unter Spielzeug oder in einer Käfig-ecke verstecken.

Stelle Hirse bereit und setze dich neben den Käfig. Spreche mit ruhiger, sanfter Stimme.

Sobald dein Vogel den Käfig erkundet, beginnt er sich einzuleben. Jetzt kannst du mit dem Han-dling beginnen. Öffne die Käfigtür, um zu sehen, ob er herauskommt. Vergewissere dich, dass der Raum gesichert ist.

Bringe ihm bei, auf deinen Finger zu kommen. Nicht alle Jungvögel verstehen dies sofort. Halte Hirse in der Hand und sage: „Komm rauf." Wenn er hinaufkommt, gib ihm ein Leckerli und lobe ihn. In der dritten Woche fühlt ihr euch wohler und er hat sich an sein Zuhause gewöhnt. Nach drei Monaten wird sich dein Vogel sicher fühlen.

Achte darauf, dass Türen und Fenster geschlossen sind. Vögel können in Toiletten ertrinken, also halte Badezimmer geschlossen. Schütze deinen Wellensittich vor anderen Tieren.

Dein Vogel wird nur zahm, wenn du ihn anfasst. Auch wenn er keine Lust hat, solltest du ihn täglich ein paar Minuten rauslassen und die Handling-Zeit allmählich steigern."

Wellensittiche und Geräusche

Lautstärke und Klänge

Obwohl Wellensittiche als einer der ruhigsten Ziervögel gelten, machen sie mehr Geräusche als viele andere Haustiere. Im australischen Outback kommunizieren Wellensittiche hauptsächlich mit anderen Schwarmmitgliedern, indem sie verschiedene Laute von sich geben, sei es, um Alarm zu schlagen, Interesse an einem potenziellen Partner zu zeigen oder dem Schwarm zu versichern, dass alles in Ordnung ist. In Gefangenschaft neigen Wellensittiche dazu, von der Morgendämmerung bis zur Abenddämmerung zu zwitschern und erst dann mit der Geräuschproduktion aufzuhören, wenn es dunkel wird. „Es ist gut, sich der Geräuschkulisse bewusst zu sein", sagt Züchterin Shannon Cochran von dem Chesapeake Aviary in Maryland. „Obwohl die Lautstärkepegel nicht extrem hoch ist, kann er ziemlich konstant sein."

Selbst einzeln gehaltene Vögel werden regelmäßig durch Singen, Zwitschern, Trillern und gelegentliches Nachahmen bekannter Wörter und Geräusche, die sie im Haus hören, auf sich aufmerksam machen. Männliche Wellensittiche neigen eher dazu, einen kontinuierlichen Strom von Geplapper zu liefern und sie sind auch geschickter darin, sprechen zu lernen. Obwohl weibliche Wellensittiche normalerweise nicht so viel plappern und trillern wie Männchen, erzeugen sie dennoch den ganzen Tag über Geräusche, um andere Schwarmmitglieder zu lokalisieren.

Nachdem sich dein Wellensittich eingelebt und an sein neues Zuhause gewöhnt hat, wirst du schnell feststellen, ob er ein relativ ruhiger Vogel oder eine Plaudertasche ist. Da Wellensittiche kleine Vögel sind, sind sie nicht außergewöhnlich laut und die meisten Menschen finden die Lautstärke akzeptabel. Es gibt aber mehrere Dinge, die deinen Wellensittich dazu bringen könnten, mehr Lärm als üblich zu machen.

Wenn der Käfig in einem Teil des Hauses steht, in dem du Gäste empfängst oder wo generell viel Aktivität herrscht, könnten die vokalen Äußerungen deines Wellensittichs lauter werden, weil er versucht, sich an der Unterhaltung zu beteiligen. Es ist auch üblich, dass Wellensittiche laut auf die Gesänge und Rufe von Wildvögeln reagieren, besonders wenn der Käfig neben einem Außenfenster steht. Ebenso könnte dein Wellensittich instinktiv versuchen, mit den Umgebungsgeräuschen im Raum zu konkurrieren. Das passiert oft, wenn der Käfig in der Nähe eines Fernsehers steht und die Lautstärke hoch ist.

Viele Wellensittichbesitzer finden das Geplapper von Wellensittichen unterhaltsam und sogar entspannend. Wenn du glaubst, dass du dich von den Geräuschen ablenken lassen könntest oder du einfach einen ruhigeren Ort zum Arbeiten während des Tages brauchst, solltest du den Wellensittichkäfig in einem Schlafzimmer oder im Wohnzimmer aufstellen, anstatt in deinem Arbeitsbereich.

Expertenrat:

Pflege- und Reinigungspläne

Neue Wellensittichhalter sind sich oft der Wichtigkeit regelmäßiger Pflegeroutinen für Gesundheit und Wohlbefinden ihrer Vögel nicht bewusst. Wöchentliche oder monatliche Aufgaben umfassen gründliche Käfigreinigung zur Vermeidung von Kot- und Bakterienansammlungen, Kontrolle und Austausch von Spielzeug und Sitzstangen für Sicherheit und Stimulation sowie Gesundheitsüberwachung einschließlich Krallen und Schnabel auf Überwuchs oder Krankheitszeichen. Diese Routinen sind entscheidend für eine sichere und   bereichernde Umgebung.

Cleaning the cage is a good weekly habit that is made easier if you place several layers of paper on the bottom at a time. This way you can just remove the top one and throw it away. Water should be changed daily, and the cup should be thoroughly washed weekly."

SUSAN M. ANDRESEN,

Bull City budgies

"*Some people choose to clean their cage daily/every other day/weekly. It really depends on how dirty the cage gets. Fresh water should be given daily. I like to try and change up the toys every month or so to keep them interested.*"

JENNIFER TAYLOR,
Jennifer's Budgies

"*Toy/equipment checks are an important thing that many people overlook with birds. Budgies, being very active, can quickly get themselves into trouble. Keeping a regular schedule for monitoring the condition of their toys, perches, cages, etc., can save you a lot of heartbreak. Loose strings on rope perches or toys can easily entrap a budgie.*"

SHANNON COCHRAN,
Chesapeake Aviary

"*You'll want to clean the cage at least weekly, and I strongly recommend using a cage grate so that waste and soft foods go through the grate and are then unable to be picked up by the birds. The grate will likely end up with waste stuck to it though, so it's important to keep it clean. Please do NOT place paper on top of the grate to save yourself the cleaning aspect, as this totally defeats the purpose of the grate!*"

ANITA GOLDEN,
formerly Nita's Nest

"*Cages need to be cleaned daily (and food and water must be changed daily); however, on a weekly basis, all toys need to be inspected to make sure there are no loose threads/parts where the budgies can get their nails caught. Run the food/water dishes through the dishwasher once a week. Make sure there is no food accumulation in the corner of the cages that could promote bacteria.*"

DIANE P HYDE,
Long Island Parrot Society

Flügelstutzen

Was ist Flügelstutzen?

Flügelstutzen ist eine umstrittene Praxis, bei der einige der primären Flugfedern am Flügel selektiv gekürzt werden, um die Flugfähigkeit eines Vogels einzuschränken. Wenn diese Federn korrekt gestutzt werden, kann ein Wellensittich nicht mehr so hoch oder so schnell fliegen wie normalerweise, aber er wird immer noch in der Lage sein, ein paar Meter in die Luft zu fliegen und sanft wieder herunterzuflattern und sicher auf dem Boden zu landen. Der Vorgang ist schmerzlos und in etwa vergleichbar mit einem Haarschnitt.

Es gibt verschiedene Arten des Flügelstutzens, aber normalerweise werden nur die ersten fünf bis sieben der 10 primären Flugfedern etwa auf halber Strecke zwischen der Basis und der Spitze der Feder gekürzt. Die sekundären Flugfedern werden nicht gestutzt. Die Federn werden an beiden Flügeln gleichmäßig gekürzt, damit der Vogel seinen Abstieg bei der Landung kontrollieren kann. Alle gestutzten Federn werden schließlich wieder zu ihrer üblichen Länge nachwachsen, und der Wellensittich wird wieder normal fliegen können.

Aber Federn wachsen nicht kontinuierlich wie menschliches Haar. Sie fallen aus und werden während des natürlichen Mauserzyklus eines Wellensittichs durch neue Federn ersetzt, was normalerweise etwa ein- bis zweimal im Jahr geschieht. Wenn die Flügel eines Wellensittichs also für eine gewisse Zeit gestutzt bleiben sollen, müssen die Flugfedern regelmäßig überprüft werden, um zu sehen, ob neue Federn die gestutzten Federn ersetzt haben. In diesem Fall müs-

sen auch die neuen Federn gestutzt werden.

Streng genommen muss ein gesunder Wellensittich seine Flügel nicht stutzen lassen. Unter bestimmten Bedingungen kann das Flügelstutzen jedoch angebracht sein, um zu verhindern, dass ein Wellensittich entkommt, oder um die Gefahr der Exposition gegenüber gefährlichen Situationen im Haushalt zu verringern. Ein Tierarzt kann das Flügelstutzen auch verschreiben, um einem Vogel bei der Genesung von einer Verletzung zu helfen.

Warum werden Flügel gestutzt?

Obwohl es vor allem in Amerika eine gängige Praxis ist, ist das Flügelstutzen weltweit ein kontroverses Thema. Einige Vogelliebhaber und Tierärzte empfehlen es, während andere dagegen sind. In manchen Ländern ist es verboten, andere erlauben es. Sicherheit ist der Hauptgrund, warum viele Wellensittichbesitzer sich dafür entscheiden, die Flügel ihres Vogels zu stutzen. Wenn die Flügel eines Wellensittichs gestutzt sind, ist es weniger wahrscheinlich, dass er durch eine offene Tür oder ein offenes Fenster fliegt. Sollte er doch entkommen, besteht eine bessere Chance, ihn wiederzufinden.

Das bedeutet jedoch nicht, dass es sicher ist, deinen Wellensittich nach dem Stutzen seiner Flügel nach draußen zu nehmen! Obwohl er unter eigener Kraftanstrengung möglicherweise nicht sehr weit fliegen kann, könnte er mit einer steifen Brise leicht aufsteigen und sich davontragen lassen.

Ein Wellensittich kann auch innerhalb des Hauses einer Reihe potenzieller Gefahren ausgesetzt sein, wenn er außerhalb des Käfigs fliegen darf, darunter Deckenventilatoren, geschlossene Fenster, Spiegel, heiße Herde, Waschbecken und Toiletten. Das Fliegen in eines dieser Hindernisse könnte zu schweren Verletzungen oder zum Tod führen. Das Flügelstutzen reduziert die Exposition eines Vogels gegenüber diesen Gefahren.

Das Flügelstutzen wird auch manchmal eingesetzt, um die Zähmung und das Training zu erleichtern. Ein Wellensittich mit gestutzten Flügeln ist abhängiger und leichter zu zähmen als einer, der im Raum herumfliegen kann. Nachdem ein Vogel einige grundlegende Befehle gelernt hat, kann das Flügelstutzen eingestellt werden.

Andere behaupten, dass das Flügelstutzen oft mehr Probleme schafft, als es löst. In Gefangenschaft können Wellensittiche übergewichtig werden, wenn sie nicht genug Bewegung bekommen, und Fliegen ist die natürlichste Art für einen Vogel, sich zu bewegen. Das Flügelstutzen kann auch dazu führen, dass einige Wellensittiche anfälliger für Verhaltensprobleme wie Federrupfen werden. Obwohl das Flügelstutzen einen Vogel daran hindern kann, in gefährliche Situationen zu fliegen, hindert es einen Vogel auch daran, das Fliegen als Mittel zur Flucht zu nutzen, was einen Wellensittich anfälliger für Angriffe machen

BERÜHMTE WELLIES
Hollywood-Vögel

Wellensittiche waren schon immer beliebte Haustiere in Hollywood. Der amerikanische Schauspieler und Filmregisseur Clint Eastwood liebte Wellensittiche und wurde sogar mit seinen Vögeln fotografiert. Auch Schauspielerin Marilyn Monroe besaß zwei Wellensittiche, Bobo und Clyde. Pop-Ikone Britney Spears holte sich 2007 und 2009 Wellensittiche ins Haus. Spears ging ursprünglich für Hundefutter in die Zoohandlung, konnte aber angeblich nicht ohne ein Paar Wellensittiche wieder gehen.

kann. Dies ist besonders wichtig, wenn es andere Tiere im Haus gibt, die einen kleinen, flugunfähigen Vogel als schnelle Mahlzeit betrachten könnten. Obwohl es etwas mehr Geduld erfordern mag, kann die Zähmung und das Training eines Wellensittichs auch ohne Flügelstutzen erreicht werden, und viele behaupten, dass Wellensittiche glücklicher sind und eher eine enge Bindung zum Besitzer aufbauen, wenn ihre Flügel nicht gestutzt sind.

Wenn du die Flügel stutzen willst

Du solltest dir bewusst sein, dass das Stutzen der Flügel nach deutschem Tierschutzgesetz § 6 in den meisten Fällen zur Tierquälerei zählt (Stand: Juni 2025). Das Tierschutzgesetz besagt, dass die Amputation von Körperteilen oder das Entfernen von Gewebeteilen verboten ist. Außerdem gilt es als tierschutzwidrig, die Bewegungsfreiheit des Tieres einzuschränken. Tierschutzvereine sehen in der Flugunfähigkeit eine Einschränkung des natürlichen Verhaltens. Daher gilt das Stutzen

Foto Von
David Morgan

der Flügel bei Ziervögeln in den meisten Fällen als rechtswidrig. Es gibt wenige Ausnahmen von der Regel, z. B. wenn eine Stutzung aus medizinischer Sicht ratsam ist.

Solltest du dennoch der Ansicht sein, dass aufgrund nachvollziehbarer, medizinischer Gründe oder aufgrund von Sicherheitsbedenken das ein- oder zweimalige, nicht routinemäßige Stutzen sinnvoll ist, dann lass dich von einem Tierarzt beraten. Führe keinesfalls das Stutzen im Alleingang durch. Du könntest deinen Vogel ernsthaft verletzen, wenn du versuchst, seine Flügel zu stutzen.

INFO BOX

Wöchentliche Sicherheitscheckliste

Misty Maruska & Melody Maruska, Parrots N Stuff

Es gibt kein Spielzeug, keinen Käfig oder andere Gegenstände, die zu 100 % vogelsicher sind. Daher ist es wichtig, alles regelmäßig zu überprüfen. Hier ist eine Checkliste für die Sicherheit deines gefiederten Freundes!

- *Überprüfe Spielzeuge und Sitzstangen mit Seilen: Kürze ausgefranste oder verknotete Stücke, damit sich dein Vogel nicht verfängt.*

- *Kontrolliere Krallen und Schnabel: Sind sie so gekrümmt, dass sie sich verfangen? Falls ja, ist es Zeit für einen Schnitt.*

- *Überprüfe Draht- oder Kunststoffketten: Hat der Vogel sie aufgebogen, sodass er sich einhaken kann? Falls ja, entferne sie.*

- *Kontrolliere Hartspielzeuge: Hat dein Vogel scharfe Kanten oder Risse hineingeknabbert? Wenn ja, entferne sie.*

- *Untersuche den Käfig: Hat der Vogel Schweißnähte beschädigt oder etwas durchgenagt? Falls ja, sind Reparaturen nötig.*

- *Sind alle Befestigungsteile sicher angebracht?*

- *Befinden sich alle Käfigteile an ihrem Platz? Ist die Schublade eingeschoben, sind die Türen verriegelt?*

KAPITEL 6

Deinen Wellensittich trainieren

Umgang

Zähmung

Nachdem sich dein Wellensittich in seiner neuen Umgebung einge-lebt hat und er sich mit deiner Anwesenheit in der Nähe seines Käfigs wohlfühlt, kannst du mit der Zähmung beginnen. Der Zähmungsprozess kann, je nach Persönlichkeit deines Vogels und seinen bisherigen Erfah-rungen mit Menschen, einige Tage bis mehrere Wochen dauern. Der Schlüssel zur Zähmung deines Wellensittichs ist Geduld, also versuche nicht, den Prozess zu überstürzen. Das Ziel ist, deinen Vogel dazu zu bringen, dir zu vertrauen, was im Anschluss zu erfolgreichem Training führt. Achte darauf, täglich seine Futter- und Wassernäpfe aufzufüllen, damit er erkennt, dass du derjenige bist, der ihm Futter gibt. Das wird dir helfen, sein Vertrauen zu gewinnen, und er wird sich freuen, dich zu sehen, sobald du den Raum betrittst.

Inzwischen sollte dein Wellensittich ruhig bleiben, wenn du dich langsam näherst und vorsichtig deine Hand für einige Sekunden an die Seite des Käfigs legst. Der nächste Schritt ist, ihm beizubringen, dass dei-ne Hand keine Bedrohung darstellt, selbst wenn sie im Käfig ist. Setze dich dazu auf einen Stuhl neben dem Käfig. Öffne die Käfigtür und strek-ke langsam deine Hand in den Käfig.

Sprich mehrmals täglich mit deinem Wellensittich in beruhigender

Stimme, während du dich dem Käfig näherst und dich auf den Stuhl setzt. Sprich weiter, während du langsam die Käfigtür öffnest und deine Hand hineinsteckst. Versuche, deine Hand unterhalb deines Vogels zu halten, da Wellensittiche von Natur aus vorsichtig gegenüber Raubtieren sind, die von oben herab angreifen.

Lass deine Hand mehrere Minuten im Käfig, während du weiter mit deinem Vogel sprichst, und vermeide plötzliche Bewegungen, die ihn erschrecken könnten. Versuche, diese Zähmungseinheiten drei- bis viermal täglich zu wiederholen und lass mindestens eine halbe Stunde zwischen den Einheiten vergehen. Wenn dein Wellensittich sich von deiner Hand bedroht fühlt, dann musst du diesen Prozess möglicherweise über mehrere Tage hinweg wiederholen, bis er sich allmählich an deine Hand im Käfig gewöhnt.

Kleine Schritte vor dem Training

Manche Wellensittichhalter trainieren ihre Vögel gerne für aufwendige Kunststücke, während andere nur möchten, dass ihre Vögel sich wohlfühlen und keine Angst haben, wenn sie mit anderen Familienmitgliedern interagieren. Egal, auf welcher Seite des Trainingsspektrums du stehst: Es gibt vier grundlegende Fähigkeiten, die jeder Wellensittich lernen sollte. Diese machen es einfacher, ihn sicher zu handhaben und ermöglichen ihm, das großartige Haustier zu werden, das er sein kann. Halte die Trainingseinheiten kurz, etwa 10 bis 15 Minuten, und wiederhole sie mehrmals am Tag.

Handtraining

Sobald sich dein Wellensittich mit deiner Hand im Käfig sicher fühlt, kannst du damit beginnen, ihn auf den körperlichen Kontakt mit deiner Hand und deinen Fingern vorzubereiten. Der beste Weg, dies zu tun, ist, deinen Wellensittich mit einem Lieblingsleckerli zu bestechen, wie zum Beispiel Kolbenhirse. Kolbenhirse besteht aus langen Stängeln mit Hirsesamen und die meisten Wellensittiche können ihnen nicht widerstehen. Du kannst Kolbenhirse zu deinem Vorteil nutzen, indem du sie nur während des Zähmens und beim Trainings anbietest.

Lege deine Hand in den Käfig, während du ein kleines Stück Kolbenhirse zwischen Daumen und Zeigefinger hältst, und bewege deine Hand langsam auf deinen Wellensittich zu, um ihm die Leckerei anzubieten. Dein Vogel wird sich anfangs vielleicht von deiner Hand zurückziehen, aber irgendwann wird er der Hirse nicht widerstehen können.

Verlocke deinen Wellensittich drei- bis viermal täglich dazu, Kolbenhirse aus deiner Hand zu fressen. Sprich mit ihm, während du dies tust, um ihm zu helfen, deine Hand und Finger mit deiner beruhigenden Stimme und einer köstlichen Belohnung zu verbinden.

Sobald dein Wellensittich sich dabei wohlfühlt, aus deiner Hand zu fressen, kannst du überprüfen, wie er zu körperlichem Kontakt steht. Versuche, die Rückseite deines Fingers gegen seine Brust zu legen und beobachte, ob er zurückzuckt. Wenn er dir erlaubt, ihn zu berühren, versuche, seine Brust sanft mit der Rückseite deines Fingers zu streicheln. Dies wird ihn auf das „Fingersitzen" vorbereiten.

Wenn du mehr körperlichen Kontakt mit deinem Wellensittich hast, denke daran, immer so sanft wie möglich zu sein. Drücke ihn nicht zusammen und greife ihn nicht zu fest. Versuche niemals, ihn an den Flügeln, Beinen oder am Schwanz zu packen. Das würde ihn erschrecken und könnte empfindliche Knochen brechen oder sogar innere Organe schädigen!

Um deinen Wellensittich sicher zu halten, lege deinen Vogel in eine Hand mit seinem Rücken gegen deine Handfläche. Falte deinen Daumen, Ring- und kleinen Finger sanft um den unteren Körper deines Vogels, ohne Druck auf die Brust des Vogels auszuüben, und stütze seinen Hals, indem du Zeige- und Mittelfinger auf beiden Seiten des Kopfes platzierst.

Fingersitzen

Jetzt, da sich dein Wellensittich daran gewöhnt hat, deine Hand im Käfig zu haben und dir erlaubt, ihn sanft zu berühren, kannst du damit beginnen, ihm beizubringen, auf deinem Finger zu sitzen. Wenn du deinem Vogel diesen Befehl beibringst, wird es viel einfacher, ihn aus dem Käfig zu nehmen und wieder zurückzubringen. Du kannst diesen Befehl auch verwenden, wenn du deinen Wellensittich auf Anzeichen von Krankheit oder Verletzung untersuchen möchtest.

Um deinem Vogel diesen Befehl beizubringen, greife in den Käfig und platziere deinen ausgestreckten Finger direkt unter der Sitzstange, auf der er sitzt. Bewege deinen Finger langsam über die Sitzstange und reibe sanft die Oberseite seiner Beine, während du in ermutigendem Tonfall „Komm (rauf)" sagst. Wenn dein Wellensittich zögert, auf deinen Finger zu steigen, wenn du den Befehl „Komm (rauf)" gibst, versuche, mit der anderen Hand ein Stück Kolbenhirse so zu halten, dass er gezwungen ist, auf deinen Finger zu steigen, um die Leckerei zu erreichen.

Lobe deinen Vogel und biete ihm eine Belohnung an, wenn er auf deinen Finger steigt. Übe das Fingersitzen mehrmals täglich. Innerhalb weniger Tage sollte dein Wellensittich auf deinen Finger hüpfen, wann immer du den Befehl gibst. Sobald sich dein Wellensittich damit wohlfühlt, deinen Finger als Sitzstange zu benutzen, versuche, ihn langsam im Käfig zu bewegen, während er auf deinem Finger sitzt. Dein Wellensittich springt dabei vielleicht ab, aber übe weiter, bis er deinen Finger als sicheren Sitzplatz betrachtet.

Komm rauf

Neben dem Beibringen, auf deinem Finger zu sitzen, ist der „Komm rauf"-Befehl auch sehr nützlich, um deinen Wellensittich von deinem Finger auf eine Sitzstange im Käfig zu übertragen oder um deinen Vogel von einem hohen Regal oder einer Lampe in einem Raum zurückzuholen.

Beginne, indem du deine Hand im Käfig neben die Sitzstange legst, auf der dein Wellensittich sitzt, und sage dann „Komm rauf", um deinen Wellensittich zu bitten, auf deinen Finger zu steigen. Nimm deinen Vogel aus dem Käfig und biete dann den Zeigefinger der anderen Hand als Sitzstange an und sage erneut „Komm rauf". Wenn dein Wellensittich von einem Finger auf den anderen wechselt, lobe ihn und biete ihm eine Belohnung an. Wiederhole dies einige Male, um das Konzept zu verstärken, dass „Komm rauf" bedeutet, auf eine neue angebotene Sitzstange zu steigen.

Einige Trainer bevorzugen einen anderen Ausdruck, wie „Komm runter", wenn sie möchten, dass ein Wellensittich auf eine niedrigere Sitzstange wechselt, und „Komm rauf", um einen Wellensittich zu bitten, auf eine höhere Sitzstange zu wechseln. Beide Methoden sind erfolgreich, wenn diese Befehle konsequent verwendet werden.

Nachdem du deinem Wellensittich beigebracht hast, von einem Finger auf den anderen zu wechseln, wenn du „Komm rauf" sagst, vergrößere den Abstand zwischen deinen Fingern, bevor du den Befehl gibst, sodass dein Vogel eine kurze Strecke von einem Finger zum anderen fliegen muss. Sobald er dies gemeistert hat, versuche, den Befehl zu verwenden, um deinen Vogel zu bitten, herüberzufliegen und auf deinem erhobenen Finger zu landen, egal wo er außerhalb des Käfigs sitzt.

Handtuchtraining

Handtuchtraining bringt deinem Wellensittich bei, sich entspannt und wohlzufühlen, während er in ein weiches, glattes Handtuch gewikkelt ist. Dies ist hilfreich und notwendig, um deinen Vogel sicher festzuhalten, z. B. wenn er krank oder verletzt ist oder seine Krallen geschnitten werden.

Beginne, indem du das Handtuch flach auf einen Tisch legst und eine der Lieblingsleckereien oder ein Spielzeug deines Wellensittichs in die Mitte des Handtuchs legst. Lass deinen Wellensittich herumlaufen und das Handtuch erkunden, während du einige Minuten mit ihm sprichst und interagierst. Übe diese Einheiten mehrmals, bis dein Vogel das Handtuch als positiv wahrnimmt und sich darauf wohlfühlt.

Der nächste Schritt besteht darin, langsam eine Ecke des Handtuchs hochzuziehen und über ihn zu legen, während du sanft mit ihm sprichst und ihn streichelst. Wenn dein Wellensittich sich daran gewöhnt hat, dass eine Ecke des Handtuchs über ihn gezogen wird, gehe zu einer zweiten Ecke über und dann zu einer dritten, bis du das Handtuch locker um ihn schließen kannst. Wiederhole diese Wickeleinheiten jeden Tag und biete reichlich Leckereien an. Schließlich wird dein Wellensittich lernen, das Einwickeln zu akzeptieren.

Sprechen

Allgemeine Geräusche

Wenn du Zeit mit deinem Wellensittich verbringst, wirst du beginnen, die vielen verschiedenen Lautäußerungen, die er macht, zu unterscheiden. Du wirst erkennen können, was der Vogel dir mitteilen will. Hier sind einige der häufigeren Geräusche, die Wellensittiche machen, und was sie bedeuten könnten.

Zufriedenes Geplapper: Den ganzen Tag über zwitschern, trillern und klicken Wellensittiche, um ihren Schwarmgenossen zu versichern, dass sie glücklich sind und alles in Ordnung ist.

Singen: Wellensittiche singen nicht auf die gleiche Weise wie andere Singvögel, die eine Melodie trällern. Aber sie verwenden oft eine Vielzahl von Zwitschern, Piepsen, Pfiffen und anderen Geräuschen, die sie gelernt haben, um mitzusingen, wenn sie Musik hören, die ihnen gefällt.

Kontaktruf: Wenn dein Wellensittich dich vermisst oder denkt, du könntest verloren gegangen sein, macht er vielleicht einen langen, anhaltenden Ruf, der als langes Zwitschern, Piepsen oder Pfeifen beschrieben werden kann. Du kannst deinem Wellensittich mitteilen, dass du nicht verloren bist, indem du mit deinem eigenen Ruf in beruhigendem Ton antwortest.

Alarmruf: Der Alarmruf ist lauter und eindringlicher als der Kontaktruf und bedeutet, dass dein Wellensittich durch etwas alarmiert ist und dich auf ein Problem aufmerksam macht. Die Ursache des Problems könnte etwas im Käfig sein – vielleicht ist eine Sitzstange heruntergefallen oder ein Futter- oder Wassernapf muss nachgefüllt werden. Es könnte bedeuten, dass der Wellensittich etwas Beängstigendes gesehen hat, wie eine Katze oder einen Habicht vor dem Fenster. Ein Alarmruf könnte auch bedeuten, dass sich dein Wellensittich irgendwie verletzt hat. Daher ist es wichtig, nach ihm zu sehen, wenn du diesen Ruf hörst, um sicherzustellen, dass er in Sicherheit ist. Sobald du festgestellt hast, dass alles in Ordnung ist, kannst du versuchen, Ruhe zu schaffen, indem du mit sanfter Stimme mit ihm sprichst, falls dein Wellensittich weiterhin kreischt.

Deinem Wellensittich das Sprechen beibringen

Wellensittiche sind recht gesprächig, und viele von ihnen können den Klang der menschlichen Stimme ebenso gut nachahmen wie größere Papageien. Einem Wellensittich das Sprechen beizubringen ist ein relativ einfacher Prozess, erfordert aber Hingabe, Geduld und häufige Wiederholungen.

Am besten beginnst du damit, deinem Wellensittich das Sprechen beizubringen, sobald du ihn nach Hause bringst, da sie in jüngerem Alter leichter zu beeindrucken sind und du diese frühen Wochen nicht verschwenden möchtest. Einzelne Wörter mit ein oder zwei Silben sind für einen Wellensittich oft leichter zu lernen. Deinem Vogel seinen eigenen Namen beizubringen, ist ein guter Anfang. Nachdem dein Vogel einige einzelne Wörter gelernt hat, kannst du versuchen, ihm einige kurze Sätze beizubringen.

Wörter und Sätze mit bestimmten Handlungen zu verbinden kann es Wellensittichen erleichtern, das Sprechen zu lernen. Du kannst zum Beispiel „Braver Vogel" sagen, wenn er richtig auf einen Befehl reagiert. Oder „Möchtest du ein Leckerli?" wenn du ihm einen Lieblingssnack anbietest.

Wähle einen relativ ruhigen Raum für das Sprechtraining, damit dein Wellensittich nicht durch Fernseher, Radio oder andere menschliche Stimmen abgelenkt wird. Um deinen Wellensittich motiviert zu halten ist es sinnvoll, die Trainingseinheiten zwei- bis dreimal täglich durchzuführen und nicht mehr als 10 oder 15 Minuten am Stück zu trainieren. Einige Wellensittiche scheinen übrigens besser auf Stimmen in einer höheren Tonlage zu reagieren. Wenn du also eine tiefere Stimme hast, versuche, einen höheren Bereich zu verwenden, wenn du deinem Wellensittich das Sprechen beibringst und sage die Wörter immer deutlich und enthusiastisch.

ÜBRIGENS:

Superohren

Obwohl sie keine sichtbaren Ohren haben (die Ohren der Wellensittiche sind intern und vom Gefieder verdeckt), haben diese bemerkenswerten kleinen Vögel ein ausgezeichnetes Gehör. Wellensittiche haben einen Hörbereich von 400–20.000 Hz und können oft Geräusche nachahmen. Wie andere Papageien können Wellensittiche trainiert werden, Wörter, Sätze und Lieder zu wiederholen. Experten vermuten, dass männliche Wellensittiche oft schneller sprechen lernen, aber auch Weibchen können lernen zu sprechen und Melodien nachpfeifen.

Wenn dein Wellensittich gerade erst lernt, menschliche Sprache nachzuahmen, können seine Wörter undeutlich klingen, aber es ist wichtig, dass du seine Bemühungen, die Sprache seines neuen „Schwarms" zu lernen, anerkennst. Lobe deinen Vogel unbedingt und wiederhole die Wörter für ihn. Dies wird deinen Vogel ermutigen, weiterhin neue Wörter und Sätze zu lernen.

Tricks

Der Schlüssel zum erfolgreichen Training

Das Training deines Wellensittichs kann sowohl für dich als auch für deinen neuen Gefährten viel Spaß bedeuten, erfordert aber Zeit und Geduld. Alle Wellensittiche haben ihre eigene Persönlichkeit und genauso braucht jeder unterschiedlich lange, um ein bestimmtes Verhalten zu verinnerlichen. Einige Wellensittiche lernen einen neuen Trick nach nur wenigen kurzen Trainingseinheiten, während andere mehrere Wochen benötigen. Wähle einen Trainingsbereich mit wenigen Ablenkungen, damit dein Wellensittich seine Aufmerksamkeit auf die Interaktion mit dir konzentrieren kann. Für beste Ergebnisse beschränke die Trainingseinheiten auf maximal 15 Minuten und wiederhole sie zwei- bis dreimal täglich. Versuche, jede Einheit mit einer positiven Note zu beenden, damit dein Wellensittich weiter lernen will und sich auf die nächste Einheit freut.

Konsequenz ist ebenfalls sehr wichtig. Verwende immer denselben Befehl, wenn du deinem Vogel einen neuen Trick beibringst. Beginne mit einfachen Tricks, bevor du zu komplizierteren Verhaltensweisen übergehst. Denke vor allem daran, deinen Vogel mit Leckereien und Lob zu belohnen, wenn er eine Aufgabe erfolgreich abschließt.

Tricks

Die Leiter erklimmen

Wellensittiche klettern gerne, daher ist dieser Trick für die meisten von ihnen leicht zu lernen. Beginne damit, eine Spielzeugleiter, die für Wellensittiche geeignet ist, außerhalb des Käfigs aufzustellen. Wenn dein Wellensittich außerhalb des Käfigs auf deinem Finger sitzt, verwende den „Komm rauf"-Befehl, um ihn zu bitten, deinen Finger zu verlassen und auf die erste Sprosse der Leiter zu steigen. Halte die Lieblingsleckerei deines Wellensittichs an der Spitze der Leiter und sage das Wort oder den Satz, den du für diesen Trick gewählt hast, um ihn zu ermutigen, ganz nach oben zu klettern. Belohne deinen Vogel mit Lob und der Leckerei, wenn er die Spitze erreicht.

Übe dies mehrmals, bis du den Befehl zum Erklimmen der Leiter geben kannst, ohne eine Leckerei an der Spitze zu halten. Platziere nun deinen Vogel in kurzer Entfernung von der Leiter und wiederhole deinen „Klettere die Leiter"-Befehl, um ihn zu ermutigen, hinüberzugehen und die Leiter hinaufzuklettern. Belohne deinen Wellensittich unbedingt, sobald er nach oben klettert. Wenn dein Wellensittich dieses Konzept gemeistert hat, kannst du deinen Vogel allmählich weiter von der Leiter entfernt platzieren, und er wird zur Leiter laufen oder fliegen und hinaufklettern, wenn du den Befehl gibst.

Apportieren

Wellensittiche spielen gerne Apportieren und es ist eine großartige Möglichkeit, eine Bindung zu deinem Vogel aufzubauen. Suche ein geeignetes Spielzeug oder einen Gegenstand, den dein Vogel in seinem

Schnabel tragen kann. Der Gegenstand muss klein genug sein, damit dein Vogel ihn aufheben und tragen kann, aber nicht so klein, dass er zur Erstickungsgefahr werden könnte. Ein kleiner Gitterball oder ein bunter Plastikring sind gute Wahlen für diesen Trick.

Sobald du ein geeignetes Spielzeug ausgewählt hast, lege es in den Käfig, damit dein Wellensittich das Spielzeug kennenlernen kann. Du kannst ihn ermutigen, Interesse am Spielzeug zu zeigen, indem du es gelegentlich bewegst. Nachdem dein Wellensittich sich mit dem Spielzeug vertraut gemacht hat, nimm Vogel und Spielzeug aus dem Käfig und setze den Vogel auf eine ebene Oberfläche. Lege das Spielzeug vor deinen Vogel und sage „Apport" oder einen anderen, passenden Befehl. Wenn er das Spielzeug aufhebt, lobe ihn und biete eine Leckerei an, damit er versteht, dass dieser Trick das Aufheben des Spielzeugs beinhaltet. Wiederhole den Vorgang mehrmals, um deinem Wellensittich beizubringen, das Spielzeug konsequent aufzuheben, wenn du „Apport" sagst.

Der nächste Schritt besteht darin, deine Hand vor deinen Vogel zu halten, nachdem er das Spielzeug aufgehoben hat, damit er das Spielzeug in deine Hand legen oder fallen lassen kann. Wenn dein Wellensittich das Spielzeug in deine Hand fallen lässt, belohne ihn, damit er das Fallenlassen des Spielzeugs in deine Hand mit dem Erhalt der Belohnung verbindet. Wiederhole diesen Vorgang mehrere Tage lang. Nachdem dein Wellensittich gelernt hat, das Spielzeug konsequent aufzuheben und in deine Hand fallen zu lassen, wenn du „Apport" sagst, kannst du allmählich die Entfernung vergrößern und schließlich das Spielzeug werfen. Dein Vogel wird hinübereilen und das Spielzeug apportieren.

Expertenrat:

Trainingstipps

Das Training von Wellensittichen erfordert Geduld, konsequente Anstrengung und einen auf die Interessen und Fähigkeiten jedes Vogels zugeschnittenen Ansatz. Positive Verstärkung durch Leckerlis wie Hirse kann Wellensittiche motivieren, Tricks und Wörter zu lernen. Sprechtraining profitiert von wiederholender und klarer Artikulation in ruhiger, ablenkungsfreier Umgebung. Männchen sind meist begabter im Sprechen, wobei häufige, kurze Einheiten am effektivsten für das Erlernen neuer Wörter oder Phrasen sind.

Kolbenhirse (oder das Lieblingsfutter des Vogels) ist eine großartige Trainingshilfe. Sowohl Männchen als auch Weibchen können sprechen lernen [...]. Weibchen können einen Wortschatz von bis zu 100 Wörtern entwickeln; Männchen sogar über 150. Beim Sprechtraining ist Wiederholung der Schlüssel zum Erfolg. Nimm dir Zeit für Sprechübungen mit deinem Wellensittich (15 Minuten ein paarmal am Tag) und nutze jede Gelegenheit, um die Wörter zu deinem Wellensittich zu sagen. Schon bald wird er hoffentlich mit dir plaudern."

JENNIFER TAYLOR,
Jennifer's Budgies

Ich habe einmal gelesen, dass Vögel viel leichter Wörter sagen können, die den Buchstaben R enthalten. Aus diesem Grund scheint 'Hübscher Vogel' die einfachste Phrase zu sein, die ein Vogel lernen kann. Ich hatte einmal einen einzelnen Nym-phensittich, der 'Hübscher Vogel' gelernt hat und dann dem Rest des Vogelzim-mers beigebracht hat, indem er es einfach immer wieder sagte, wenn ich nicht da war! Sobald ein Vogel die erste Phrase gelernt hat, scheint es für ihn leichter zu sein, mehr zu lernen. Sowohl männliche als auch weibliche Wellensittiche können sprechen, obwohl nicht jeder Wellensittich sprechen lernt und Männchen eher dazu neigen, es zu lernen."

ANITA GOLDEN,
formerly Nita's Nest

KAPITEL 7

Wellensittiche züchten

Grundlagen der Zucht

Brutsaison

Viele Wildvögel sind saisonale Brüter, die sich nur zu bestimmten Jahreszeiten paaren und Nester bauen. Wellensittiche hingegen sind Gelegenheitsbrüter, die sich fortpflanzen, sobald die Umweltbedin-

gungen für die Aufzucht ihres Nachwuchses günstig sind. In Australien vermehren sich wilde Wellensittiche gewöhnlich nach Regenfällen, wenn Grassamen im Überfluss vorhanden sind und Süßwasserseen sowie Teiche eine zuverlässige Trinkwasserquelle bieten. Da Wellensittiche in Gefangenschaft das ganze Jahr über eine konstante Nahrungs- und Wasserversorgung haben, können sie zu jeder Jahreszeit brüten. Allerdings können Wellensittiche bei der Wahl ihrer Partner und Nistplätze wählerisch sein und die Brut verweigern, wenn sie durch etwas in ihrer Umgebung gestört oder beunruhigt sind.

Wenn du ein Wellensittichpärchen hast, aber nicht möchtest, dass sie brüten, gibt es mehrere Möglichkeiten, das Brutverhalten zu unterbinden. Achte darauf, dass sich nichts im Käfig befindet, was deine Vögel als Nistplatz nutzen könnten, wie etwa eine Nisthöhle, ein Vogelhäuschen oder eine Schale am Käfigboden. Wellensittichweibchen sind Minimalisten, wenn es um die Wahl eines Nistplatzes geht, und alles, was einem gemütlichen Versteck oder einem Platz zum Ei-

HILFREICHER TIPP:
Partner fürs Leben

Wellensittiche sind monogame Vögel und bleiben typischerweise bei ihrem Partner, während sie ihre Küken aufziehen. In manchen Fällen bilden Wellensittiche dauerhafte Bindungen zu ihrem Partner und lehnen jeden Vogel ab, der zwischen sie kommt. Anzeichen für eine Bindung zwischen Wellensittichen können gegenseitige Gefiederpflege, das Teilen einer Sitzstange und das Berühren der Schnäbel sein. Paarungszeichen bei Wellensittichen zeigen sich dadurch, dass ein männlicher Wellensittich Futter teilt oder anbietet und ein Weibchen Schwanzfedern und Flügel anhebt. Nicht fest gebundene Wellensittichpaare können monogam bleiben, während ihre Küken jung sind, aber zu einem neuen Partner wechseln, sobald die Küken das Nest verlassen haben.

erlegen ähnelt, kann den Brutinstinkt des Weibchens anregen. Begrenze außerdem die Menge an kalorienreichen und fetthaltigen Futtermitteln, um den Brutdrang zu reduzieren. Zusätzlich kannst du die Anordnung der Spielzeuge, Leitern, Sitzstangen sowie Futter- und Wassernäpfe im Käfig regelmäßig verändern. Wellensittiche bevorzugen eine stabile Umgebung zum Brüten, und durch regelmäßige Veränderungen ihrer Umgebung kannst du das Brutverhalten hemmen. Wenn diese Maßnahmen nicht erfolgreich sind, musst du die Vögel möglicherweise in getrennten Käfigen halten.

Früher oder später denken die meisten Wellensittichhalter darüber nach, ihre Vögel zu züchten. Hier sind einige Fragen, über deren Antworten du gut nachdenken solltest, bevor du deine Wellensittiche zur Fortpflanzung ermutigst:

- Sind die Vögel, die du züchten möchtest, in ausgezeichneter gesundheitlicher Verfassung?
- Steht ein Vogelmediziner für Notfälle zur Verfügung?
- Bist du auf die Kosten für zusätzliche Ausrüstung, Futter und Tierarztbesuche vorbereitet?
- Kannst du die Jungvögel von Hand füttern, falls die Eltern sie ablehnen?
- Wirst du in der Lage sein, den Nachwuchs zu behalten, falls du keine guten Zuhause findest?

Vorbereitung auf die Zucht

Ein Brutpaar benötigt einen größeren Käfig. Es gibt einen Richtwert, der besagt, dass der Käfig pro Brutpaar mindestens 25 % größer sein sollte. Richte den Käfig mit mehreren Holzsitzstangen, Futter- und Wassernäpfen und einigen Spielzeugen ein. Da Wellensittiche keine Zweignester wie manche andere Vögel bauen, musst du dem Paar eine Nisthöhle zur Verfügung stellen. Diese sollte den Baumhöhlen ähneln, die wilde Wellensittiche oft als Nistplatz nutzen.

Nistkästen für Wellensittiche sind in Zoofachgeschäften und online erhältlich. Es gibt zwei grundlegende Bauarten: vertikal und horizontal.

Vertikale Nistkästen sind etwa 25 cm hoch, 15 cm lang und 15 cm tief. Horizontale Nistkästen sind etwa 25 cm lang, 15 cm hoch und 15 cm tief.

Unabhängig von der Bauart sollte der Nistkasten einen aufklappbaren Deckel haben, der es dir ermöglicht, das Weibchen und die Küken zu kontrollieren, solltest du ein Problem vermuten. Zudem benötigt er ein rundes Eingangsloch mit einem Durchmesser von etwa 4 bis 5 cm und eine Sitzstange unterhalb des Eingangs. Der Boden des Nistkastens

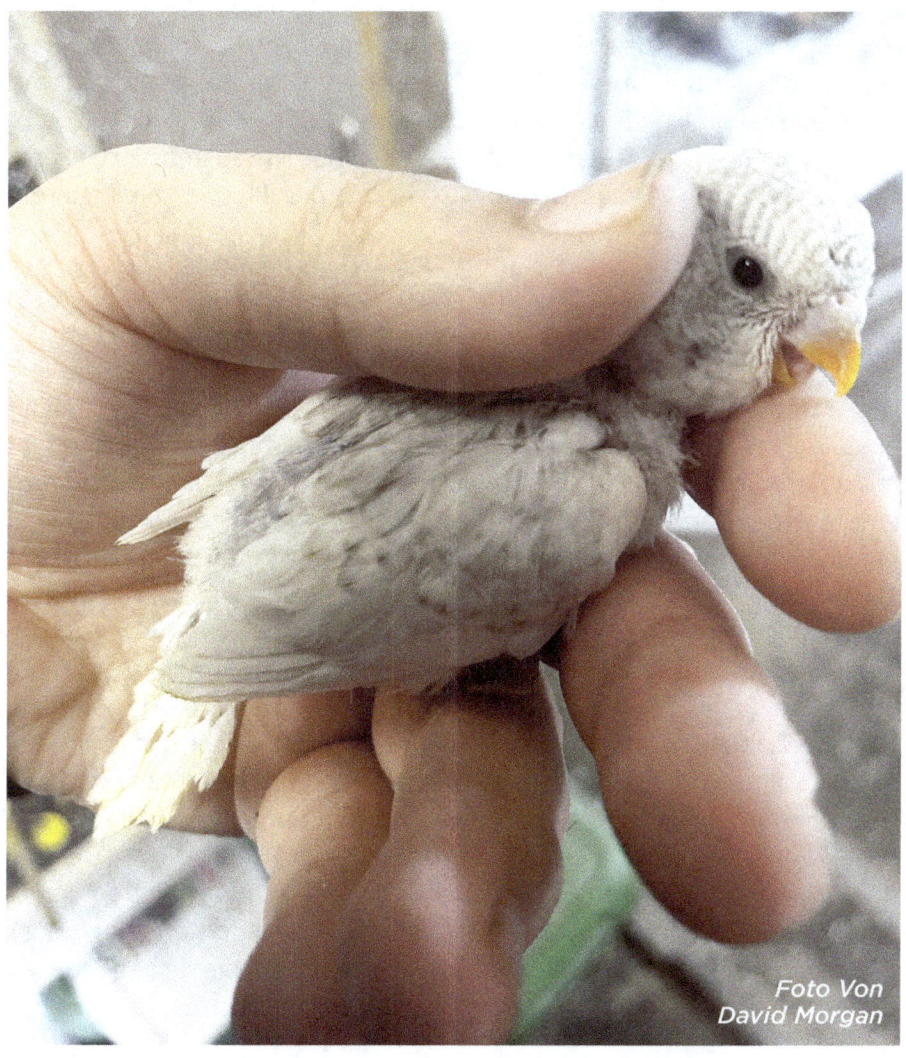

Foto Von
David Morgan

sollte eine kreisförmige Vertiefung mit einem Durchmesser von etwa 13 cm und einer Tiefe von etwa 2 cm haben, damit das Weibchen dort die Eier ablegen kann. Befestige den Nistkasten an der Außenseite des Käfigs, wobei das Eingangsloch zur Innenseite des Käfigs zeigt. Dies erfordert möglicherweise das Entfernen einer Nebentür des Käfigs oder das Durchtrennen einiger Gitterstäbe, damit die Vögel durch das Eingangsloch Zugang zum Nistkasten haben.

Nach der Installation des Nistkastens öffne den Deckel und platziere eine kleine Handvoll weicher Kiefernspäne auf dem Boden. Diese dienen als Ersatz für die Holzspäne, die ein wildes Wellensittichweibchen erzeugt, wenn sie mit ihrem Schnabel das Innere einer Baumhöhle formt. Die Kiefernspäne helfen, einer Erkrankung namens Spreizbein vorzubeugen, die auftreten kann, wenn der Boden des Nistkastens zu rutschig ist. Das Weibchen wird die Späne nach ihren Vorstellungen arrangieren.

Auswahl des Paares

Das ideale Zuchtalter für männliche und weibliche Wellensittiche liegt zwischen einem und vier Jahren. Obwohl Wellensittiche bereits mit etwa sechs Monaten körperlich zur Fortpflanzung fähig sind, sollte man mit ihnen nicht vor ihrem ersten Lebensjahr züchten. Manche Züchter empfehlen sogar, bis zum zweiten Lebensjahr zu warten. Jüngere Vögel befinden sich noch im Wachstum und in der Entwicklung. Eine Zucht vor ihrer vollständigen Reife kann ihren Körper physisch belasten und zu gesundheitlichen Problemen führen.

Wellensittiche über vier Jahre gelten in der Regel als zu alt zum Züchten. Wenn du nicht sicher bist, wie alt deine Wellensittiche sind, kann ein Vogelmediziner sie untersuchen und ihr ungefähres Alter bestimmen.

Du solltest auch sicherstellen, dass das potenzielle Paar nicht eng miteinander verwandt ist. Die Zucht von eng verwandten Wellensittichen kann das Risiko genetischer Störungen und körperlicher Defekte beim Nachwuchs erhöhen. Um solche Probleme zu vermeiden, kaufe das Männchen und Weibchen von zwei verschiedenen Züchtern oder aus zwei Zoohandlungen, die ihre Vögel aus unterschiedlichen Quellen beziehen.

Wenn du einen neuen männlichen oder weiblichen Wellensittich für Zuchtzwecke kaufst, sollte der neue Vogel von einem Vogelmediziner untersucht und dann für eine vierwöchige Quarantänezeit in einem separaten Käfig abseits von anderen Vögeln gehalten werden. Wenn Wellensittiche einander nicht kennen, können sie kämpfen, wenn sie sofort im selben Käfig untergebracht werden. Halte daher das potenzielle Paar in getrennten Käfigen und führe sie schrittweise zusammen. Stelle die Käfige im selben Raum einige Zentimeter voneinander entfernt auf, damit sich die beiden Vögel aneinander gewöhnen können, ohne territorial zu werden. Lasse sie zu unterschiedlichen Zeiten aus ihren Käfigen zum Spielen.

Nachdem deine Wellensittiche eine Woche oder zwei damit verbracht haben, sich miteinander vertraut zu machen, nimm sie aus ihren Käfigen und beobachte sie, während sie in einem sicheren Raum auf neutralem Territorium miteinander interagieren. Erwarte, dass die beiden Vögel streiten, während sie eine Hackordnung etablieren. Wenn jedoch ein kleiner Streit außer Kontrolle gerät, bringe die Vögel zurück in ihre Käfige und versuche, sie ein anderes Mal zusammenzuführen.

Gib den Vögeln mehrere Gelegenheiten, auf neutralem Gebiet miteinander zu interagieren. Sobald sie gut miteinander auskommen, kannst du sie zusammen in den Zuchtkäfig setzen. Wenn einer der Vögel bereits in dem Käfig gelebt hat, reinige den Käfig und ordne die Sitzstangen und Spielzeuge neu an, damit der Käfig wie ein neutraler Raum erscheint. Platziere Futter- und Wassernäpfe auf gegenüberliegenden Seiten des Käfigs, damit die Vögel getrennt fressen können. Nachdem du die Vögel in denselben Käfig gesetzt hast, beobachte sie mehrere Tage lang, um sicherzustellen, dass sie weiterhin ohne Kämpfe miteinander auskommen.

Da deine Wellensittiche viel ihrer körperlichen Energie für das Legen von Eiern, das Ausbrüten der Eier und das Füttern der Küken aufwenden werden, müssen beide Vögel in ausgezeichneter gesundheitlicher Verfassung sein, bevor du mit ihnen züchtest. Wenn sie keine kürzliche tierärztliche Gesundheitsuntersuchung hatten, dann bringe sie zu einem Vogelmediziner. Bitte ihn zu überprüfen, ob sie robust genug sind, um ohne Risiko für ihre oder die Gesundheit ihres Nachwuchses zu züchten.

Wenn beide Vögel gesund sind, kannst du beginnen, sie auf die Zucht

vorzubereiten. Füttere sie weiterhin mit einer ausgewogenen, nährstoffreichen Ernährung und halte eine Sepiaschulpe oder einen Mineralblock im Käfig. Dadurch sicherst du den Bedarf an für die Eientwicklung und Eischalenbildung notwendigem Kalzium und Mineralien. Ergänze die Ernährung mit Eifutter, um das zusätzliche Protein bereitzustellen, das Wellensittiche während der Zucht benötigen. Eifutter für Wellensittiche ist in Zoofachgeschäften und online erhältlich.

Ein männlicher und ein weiblicher Wellensittich im selben Käfig zu halten garantiert nicht, dass sie ein Brutpaar werden. Wellensittiche sind monogam und die Vögel müssen eine Bindung zueinander aufbauen, bevor sie sich paaren. Wenn die beiden Vögel, die du züchten möchtest, bereits im selben Käfig gehalten werden und gut miteinander auskommen, werden sie wahrscheinlich diese Bindung eingehen. In manchen Fällen kann es jedoch vorkommen, dass ein bestimmter männlicher und ein bestimmter weiblicher Wellensittich niemals eine Bindung zueinander aufbauen und du eine andere Paarung versuchen musst.

Das Balzverhalten eines Paares zeigt in der Regel an, ob zwei Wellensittiche eine Bindung zueinander aufgebaut haben. Bei der ersten Begegnung ignoriert das Weibchen oft das Männchen. Das Männchen wird dann versuchen, das Weibchen zu umwerben, indem es neben ihr auf der Sitzstange sitzt, zwitschert, seinen Kopf auf und ab bewegt und mit seinem Schnabel gegen ihren Schnabel klopft. Im Verlauf der Balz werden sich die beiden gegenseitig putzen und das Männchen wird versuchen, dem Weibchen hochgewürgtes Futter zu füttern. Wenn die Balz erfolgreich ist, werden sie sich normalerweise innerhalb von ein oder zwei Tagen paaren. Das Weibchen wird ihren Schwanz in die Luft heben, und das Männchen wird auf ihr stehen und sich dann seitwärts bewegen und einen Flügel ausstrecken, um das Weibchen in Position zu halten, während sie ihre Kloaken aneinanderreiben.

Foto Von David Morgan

Kükenpflege und Aufzucht

Eiablage

Nach der Paarung wird das Weibchen kurz den Nistkasten inspizieren. Wenn er ihren Ansprüchen genügt, wird sie beginnen, mehr Zeit im Kasten zu verbringen, während sie sich auf das Legen und Ausbrüten der Eier vorbereitet. Das Weibchen wird die Holzspäne auf dem Boden des Nistkastens neu anordnen und möglicherweise einige davon herauswerfen, sollten es zu viele sein. Möglicherweise siehst du, dass ihr Bauch anschwillt oder dass ihr Kot größer wird und sie ihn häufiger absetzt bevor, sie das erste Ei legt. Das Weibchen kann auch einen kahlen Hautbereich um ihre Kloake entwickeln, den sogenannten „Brutfleck", der ihr hilft, die Eier während der Inkubation warmzuhalten.

Etwa acht bis zehn Tage nach der Paarung wird das Weibchen das erste Ei legen. Sie wird alle zwei Tage ein weiteres Ei legen, bis sie ein Gelege von vier bis acht Eiern hat. Nachdem das zweite oder dritte Ei gelegt wurde, wird das Weibchen beginnen, auf den Eiern zu sitzen, um sie auszubrüten. Sie wird die Eier auch drehen und ihre Position im Nest von Zeit zu Zeit ändern, um sicherzustellen, dass sie gleichmäßig warm gehalten werden.

Während der Brutzeit wird das Weibchen den größten Teil des Tages

HINWEIS:

Es ist richtig, dass das Weibchen möglicherweise erst mit dem Brüten beginnt, wenn zwei oder drei Eier gelegt sind. In diesem Fall könnten bis zu drei Küken gleichzeitig oder zunächst an aufeinanderfolgenden Tagen schlüpfen. Der Abstand beim Rest des Geleges beträgt dann jedoch jeden zweiten Tag. Alles hängt davon ab, wann sie mit dem Brüten beginnt. Brütet sie bereits ab dem ersten Ei, so schlüpft jedes Küken zwei Tage nach dem vorherigen.

Diana Wilkewitz,
Budgiedin Budgerigars

und der Nacht im Nistkasten verbringen und ihn nur gelegentlich verlassen, um Kot abzusetzen. Das Männchen wird in regelmäßigen Abständen vor dem Eingang sitzen, um das Weibchen mit hochgewürgtem Futter zu füttern. Wellensittichweibchen mögen es nicht, gestört zu werden, während sie Eier ausbrüten, also versuche, unnötigen Lärm und Aktivitäten in dem Raum zu vermeiden, in dem der Zuchtkäfig steht. Widerstehe auch der Versuchung, den Deckel des Nistkastens mehr als ein- oder zweimal am Tag zu öffnen, um die Eier und Küken zu kontrollieren. Schaue nur kurz nach, wenn das Weibchen gerade nicht auf dem Gelege sitzt.

Befruchtete Wellensitticheier können bis zu sieben Tage nach dem Legen lebensfähig bleiben, wenn sie bei einer Temperatur von etwa 13 bis 16 Grad Celsius und 60 % Luftfeuchtigkeit gelagert werden. Die Eier können in einem Brutapparat, einem Inkubator, ausgebrütet werden, der auf eine Temperatur zwischen 36,5 und 37 Grad Celsius und 65 % Luftfeuchtigkeit eingestellt ist. Wenn der Brutapparat keine automatische Wendefunktion hat, musst du die Eier etwa vier- bis achtmal am Tag oder etwa einmal pro Stunde vorsichtig um 180 Grad von einer Seite zur anderen drehen. Es ist auch wichtig, die Richtung, in die du die Eier drehst, bei jedem Wenden zu wechseln. Wenn du die Eier beispielsweise beim ersten Mal im Uhrzeigersinn drehst, solltest du die Eier beim nächsten Mal gegen den Uhrzeigersinn drehen und so weiter. Dies verhindert, dass sich die Hagelschnüre, die zwei dünnen Gewebestränge, die den Dotter in der Mitte des Eis halten, verdrehen und den Dottersack oder die Blutgefäße im sich entwickelnden Embryo zerreißen.

Pflege der Küken

Das erste Ei schlüpft normalerweise etwa 18 Tage nachdem das Weibchen mit dem Brüten des Geleges begonnen hat. Die restlichen Eier schlüpfen etwa alle zwei Tage in der Reihenfolge, in der sie gelegt wurden. Da die Küken an verschiedenen Tagen schlüpfen, werden einige älter und erkennbar größer und weiterentwickelt sein als andere. Wellensittichküken sind nach dem Schlüpfen blind, nackt und zu schwach, um ihre Köpfe zu heben. Sie sind völlig vom Muttertier abhängig, das sie füttert und warmhält. Trotz ihres unbeholfenen Aussehens wachsen

Wellensittichküken sehr schnell heran. Ihre Augen öffnen sich etwa am siebten Tag, und am elften Tag werden die Küken mit flauschigem Flaum bedeckt sein.

Das Männchen wird das Weibchen weiterhin füttern, während sie sich um die Küken kümmert. Das Weibchen wird Küken in den ersten Tagen alle ein bis zwei Stunden füttern. Wenn sie älter werden, wird das Weibchen sie nur tagsüber füttern.

Etwa vier bis fünf Wo-

HILFREICHER TIPP:
Männchen oder Weibchen?

Es kann schwierig sein, das biologische Geschlecht eines Wellensittichs zu bestimmen, aber ein Hinweis liegt in der „Wachshaut" des Vogels. Die Wachshaut ist ein blasser Fleck aus wachsartiger Haut über dem Schnabel des Vogels. Männliche Wellensittiche haben in der Regel eine blaue Wachshaut, während Weibchen eine weiße oder rotbraune Wachshaut haben. Zudem haben jugendliche Wellensittiche oft Wachshäute, die rötlich-weiß sind.

chen nach dem Schlüpfen werden die Jungvögel flügge. Die Flugfedern beginnen sich zu entwickeln und ihre Muskeln sind ausreichend ausgeprägt, um ihnen zu ermöglichen, im Nistkasten herumzulaufen und ihre Flügel zu trainieren. Die Eltern werden sie noch etwa eine Woche lang füttern, aber wenn die Jungvögel unabhängiger werden, beginnen sie, den Nistkasten zu verlassen, um ihre Umgebung zu erkunden.

Stelle einen flachen Futternapf und eine flache Wasserschale auf den Boden des Käfigs, sobald sie das Nest verlassen. Dadurch ermutigst du die Jungvögel, selbstständig zu fressen und zu trinken. Biete ihnen weiche Nahrungsmittel, frisches Obst, Gemüse, gemischte Samen und Pellets an, um sie an die Nahrungsmittel zu gewöhnen, die sie als Erwachsene fressen werden.

Entwöhnung

Der Entwöhnungsprozess ist eine kritische Phase im Leben der jungen Wellensittiche. Innerhalb einer relativ kurzen Zeit werden sie von der hochgewürgten Nahrung, die ihre Eltern ihnen füttern, zu einer Vielzahl von Nahrungsmitteln übergehen, die sie selbstständig fressen lernen.

Junge Wellensittiche werden normalerweise im Alter von etwa fünf bis sechs Wochen von ihren Eltern entwöhnt, aber es ist wichtig zu warten, bis sie gelernt haben, sich selbst zu ernähren und genügend Nahrung zu sich nehmen, bevor man sie von ihren Eltern trennt. Beobachte die Jungvögel sorgfältig, um sicherzustellen, dass sie Samen, Pellets, Obst und Gemüse fressen und selbstständig Wasser trinken können. Wenn sie sich erfolgreich selbst ernähren und nicht mehr auf die Hilfe ihrer Eltern beim Füttern angewiesen sind, sollten sie in einen anderen Käfig umziehen. Wellensitticheltern vertreiben instinktiv ihren Nachwuchs, sobald sie entwöhnt sind, und sie werden aggressiv gegenüber den Jungvögeln, wenn diese im selben Käfig bleiben.

> 66
>
> *Die Eltern beginnen normalerweise mit einem zweiten Gelege, wenn das erste Gelege bereit ist, das Nest zu verlassen, manchmal sogar schon früher. Sei darauf vorbereitet, die Küken schnell umzusiedeln, sobald eines der Elternteile beginnt, sie anzugreifen. Nicht alle Eltern greifen die Küken an, aber das Potenzial ist vorhanden und Küken können verstümmelt oder getötet werden. Sogar das verteidigende Elternteil könnte ernsthaft verletzt werden. Dies ist also etwas, worauf man achten muss.*
>
> DIANA WILKEWITZ,
> *Budgiedin Budgerigars*
>
> 99

Richte einen Käfig mit Futter- und Wassernäpfen, Spielzeugen und mehreren Sitzstangen ein. Füge eine niedrige Sitzstange am Boden des Käfigs hinzu, um Jungvögeln in der Flüggephase zu helfen, das Sitzen und Klettern zu üben.

Nachdem du die entwöhnten Küken in diesen neuen Käfig umgesiedelt hast, bringe das Weibchen in einen völlig anderen Käfig, vorzugsweise außer Sicht- und Hörweite des Zuchtkäfigs, in dem das Männchen und die Küken untergebracht sind. Diese Trennung hilft, sie davon abzuhalten, zu schnell wieder zu brüten und Eier zu legen. Ohne Nistkasten und ohne Partnerin wird der Vater wahrscheinlich die Entwöhnung der Küken übernehmen.

Selbst wenn das Weibchen nicht vollständig aus Sicht- und Hörweite gebracht werden kann, ist es besser, sie in einen anderen Käfig auf der anderen Seite des Raumes zu setzen, als sie im Zuchtkäfig zu lassen. Diese Anordnung ermöglicht es dem Vater, sich auf die Pflege der Küken zu konzentrieren, während das Weibchen eine dringend benötigte Ruhepause erhält.

Verkauf von Jungvögeln

Zucht und Verkauf

Wellensittiche werden seit den 1850er Jahren in Gefangenschaft gezüchtet und gehören nach wie vor zu den beliebtesten Haustieren der Welt. Egal, ob du darüber nachdenkst, Wellensittiche professionell zu züchten und zu verkaufen oder ob du einfach nur wissen willst, wie du einige Jungvögel verkaufen kannst: Es ist immer nützlich, etwas über den Markt für diese Vögel zu wissen.

Das Alter und das Wohlbefinden deiner Jungvögel werden für dich und potenzielle Käufer ein Hauptanliegen sein. Bis sie vollständig entwöhnt sind und etwa acht bis zehn Wochen alt sind, sind junge Wellensittiche nicht reif genug, um verkauft oder in ein neues Zuhause gebracht zu werden. Die Einhaltung aktueller behördlicher Vorschriften ist ebenfalls entscheidend. Geschäfte mit Tieren unterliegen verschiedenen gesetzlichen Anforderungen. Um rechtliche Komplikationen zu vermeiden, erkundige dich bei Stadt-, Landes- und Bundesbehörden, ob du Genehmigungen, Lizenzen oder Inspektionen benötigst, um deine Vögel zu verkaufen.

Je nachdem, wo du lebst, gibt es möglicherweise mehrere potenzielle Märkte zu berücksichtigen, darunter lokale Zoohandlungen, Onlinemarktplätze, Vogelausstellungen und lokale Vogelvereine. Wenn du beabsichtigst, Wellensittiche als Geschäft zu züchten und zu verkaufen, kann der lokale Verkauf deiner Vögel dir auch helfen, einen Ruf als Züchter aufzubauen und Käufer sowie andere Züchter in deiner Gegend kennenzulernen. Der Besuch von Vogelausstellungen ist eine weitere Möglichkeit, mit Züchtern und Käufern in Kontakt zu treten, die dir helfen können, zusätzliche Märkte und Strategien für deine Region zu identifizieren. Manchmal kann es die effektivste Marketingstrategie sein, deine Freunde und Bekannten wissen zu lassen, dass du Wellensittiche zu verkaufen hast. Eine angemessene Preisgestaltung kann dir helfen, Käufer anzuziehen.

Berücksichtige neben deinen Zuchtkosten und der Qualität deiner Wellensittiche auch die Nachfrage nach ähnlichen Wellensittichen in deiner Region. Beachte, dass lokale Zoohandlungen Wellensittiche üblicherweise für viel weniger einkaufen, als sie verkauft werden. Vogelausstellungen und Onlinemarktplätze sind eher die Orte, um Vögel zu höheren Preisen zu verkaufen.

KAPITEL 8

Ein gesunder Wellensittich

Allgemeine Gesundheitsmerkmale

Obwohl Statistiken zeigen, dass die durchschnittliche Lebensdauer eines Wellensittichs in Gefangenschaft fünf bis acht Jahre beträgt, kann ein gesunder Wellensittich bei richtiger Pflege deutlich über 10 Jahre alt werden. Laut Guinness Buch der Rekorde erreichte ein Wellensittich namens Charlie in London, England, sogar ein Alter von 29 Jahren!

Was kannst du tun, damit dein Wellensittich ein langes und glückliches Leben führt? Die regelmäßige Überwachung der Gesundheit deines Wellensittichs und routinemäßige Untersuchungen bei einem vogelkundigen Tierarzt können oft viele Jahre zu seinem Leben hinzufügen. Wie viele Wildvögel verstecken Wellensittiche instinktiv Krankheitssymptome, um keine Aufmerksamkeit von Raubtieren auf sich zu ziehen. Wenn du weißt, wie ein gesunder Wellensittich aussieht, kannst du besser Krankheiten erkennen und tierärztliche Hilfe hinzuziehen bevor eine Krankheit

schwerwiegend wird. Hier sind einige typische Anzeichen eines gesunden Wellensittichs:

Gesunder Appetit: Ein gesunder Wellensittich hat einen guten Appetit und frisst regelmäßig. Die meisten Wellensittiche fressen morgens und abends. Appetitlosigkeit deutet oft darauf hin, dass ein Wellensittich krank oder verletzt ist oder sich noch nicht an seine neue Umgebung gewöhnt hat.

Stabiles Gewicht: Ein erwachsener Wellensittich, der regelmäßige Bewegung und die

WUSSTEN SIE?
Ältester Wellensittich

Laut dem Guinness-Buch der Rekorde lebte der älteste Wellensittich in Gefangenschaft 29 Jahre und 60 Tage. Dieser langlebige Vogel hieß Charlie und wohnte in London, England, bei seinem Besitzer J. Disney. Charlie wurde im April 1948 geboren und starb am 20. Juni 1977. Die durchschnittliche Lebensdauer eines Wellensittichs in Gefangenschaft beträgt 15 bis 17 Jahre.

richtige Ernährung bekommt, wird ein ziemlich gleichbleibendes Gewicht halten. Wellensittiche verlieren oft ihren Appetit, wenn sie krank, gestresst oder niedergeschlagen sind, was manchmal zu schnellem Gewichtsverlust führen kann. Während des natürlichen Mauserzyklus ist es normal, dass das Körpergewicht vorübergehend sinkt.

Natürliche Körperhaltung: Wellensittiche haben normalerweise eine aufrechte, wachsame Körperhaltung. Wenn ein Wellensittich am Käfigboden liegt, kann das darauf hindeuten, dass er krank, verletzt oder verängstigt ist.

Aktivität und soziale Interaktionen: Wellensittiche verbringen viel Zeit mit ihren Spielzeugen und erkunden gerne ihre Umgebung. Sie genießen auch die Interaktion mit ihren Besitzern und anderen Wellensittichen. Obwohl es normal ist, dass die Aktivitätslevel eines Wellensittichs im Laufe des Tages variieren, kann eine plötzliche Abnahme der Aktivitäten und sozialen Interaktionen darauf hindeuten, dass ein Wellensittich krank, verletzt oder niedergeschlagen ist.

Vokalisierung: Gesunde Wellensittiche sind gesprächige Vögel. Sie verbringen normalerweise viele Stunden am Tag damit, zu singen und zu zwitschern. Dabei sind die flexibel hinsichtlich ihrer Gesprächpart-

ner: Menschen, andere Wellensittiche oder sogar Spielzeug werden be-
quatscht. Ein Wellensittich, der nicht so viel vokalisiert wie sonst, könnte
krank, verletzt oder verängstigt sein.

Normale Atmung: Die Atmung sollte gleichmäßig und ruhig sein.

Foto Von
Diana Cook

Wenn dein Wellensittich niest, keucht, mit offenem Schnabel atmet oder mit dem Schwanz wippt, während er atmet, könnte er überhitzt sein oder Atemwegsprobleme haben. Vorübergehendes Hecheln nach anstrengender Bewegung ist in der Regel normal.

Sicheres Fliegen: Das normale Flugverhalten eines Wellensittichs ist gleichmäßig und stetig. Ein gesunder Wellensittich sollte leicht abheben, sanft gleiten und anmutig landen können. Regelmäßige Flugzeit außerhalb des Käfigs kann dazu beitragen, die Flugmuskulatur deines Wellensittichs zu erhalten. Ein Wellensittich, der Schwierigkeiten beim Fliegen zeigt, könnte krank oder verletzt sein. Auch das Stutzen der Flügel und der natürliche Mauserzyklus können die Flugfähigkeit eines Wellensittichs beeinträchtigen, bis neue Federn die alten ersetzt haben.

Klare Augen: Die Augen deines Wellensittichs sollten klar, hell und wach sein. Du solltest weder Rötung, noch Ausfluss oder Schwellungen sehen, die auf eine Reizung, eine allergische Reaktion oder eine mögliche Infektion hindeuten könnten.

Gesunde Wachshaut: Die Wachshaut (der fleischige Bereich direkt über dem Schnabel) sollte glatt sein und ein wachsartiges Aussehen haben. Sie sollte nicht verkrustet sein oder abblättern. Wenn junge Wellensittiche die Geschlechtsreife erreichen, ist es normal, dass sich die Farbe der Wachshaut ändert. Männliche Wellensittiche entwickeln in der Regel eine blaue Wachshaut und weibliche Wellensittiche entwickeln meist eine beige oder braune Wachshaut. Während der Brutzeit bei geschlechtsreifen Weibchen bekommt die Wachshaut oft eine dunkelbraune Farbe und eine schuppige Textur auf der Oberfläche, aber dies ist eine normale Reaktion auf hormonelle Veränderungen. Verschmutzte Federn über der Wachshaut sind ein Anzeichen für eine Atemwegsinfektion.

Saubere Nasenlöcher: Die Nasenlöcher des Vogels sollten sauber und trocken sein. Ein wässriger Ausfluss aus den Nasenlöchern kann darauf hindeuten, dass dein Wellensittich eine Infektion der Atemwege hat.

Fester Schnabel: Der Schnabel deines Vogels sollte glatt, fest und symmetrisch sein und keine Risse haben. Der Oberschnabel sollte mit dem Unterschnabel übereinstimmen. Da Wellensittiche einen gesunden Schnabel brauchen, um sich zu ernähren und zu putzen, ist es wichtig, Schnabelprobleme schnell anzugehen. Wende dich an einen vogelkundi-

gen Tierarzt, wenn der Schnabel deines Wellensittichs überwachsen, rau oder rissig erscheint.

Klare Haut: Die Haut eines Wellensittichs sollte glatt, sauber und klar sein. Rote, geschwollene oder entzündete Haut kann auf eine Infektion oder eine durch Milben verursachte Reizung hindeuten.

Strahlendes Gefieder: Gesunde Wellensittiche verbringen jeden Tag Zeit mit der Gefiederpflege, daher sollten ihre Federn glatt, seidig und gut gepflegt sein. Aufgeplusterte Federn, beschädigte Federn oder kahle Stellen können auf ein Gesundheitsproblem oder auf Federrupfen aufgrund von Stress hindeuten.

Glatte Füße: Die Füße des Wellensittichs sollten relativ glatt sein und die Krallen nicht zu lang. Suche die Hilfe eines vogelkundigen Tierarztes, wenn die Füße deines Wellensittichs Anzeichen von Schwellung, Verkrustung oder Schorf zeigen, da dies Symptome einer bakteriellen Infektion namens Bumblefoot (Pododermatitis) sein können.

Saubere Kloake: Die Kloake oder der Afterbereich und die umgebenden Federn sollten sauber und trocken sein. Eine feuchte Kloake und verschmutzte Federn können auf Verdauungsprobleme, Parasiten, eine

INFO BOX

Die erste Mauser

Diana Wilkewitz,
Budgiedin Budgerigars

Das Mausern beginnt im Alter von zwei bis sechs Monaten, meistens jedoch im Alter von drei Monaten. Das erste Mausern kann sich über zwei bis drei Monate hinziehen.

Bevor die Jungvögel mit dem Mausern anfangen, haben Wellensittiche Streifen auf der Stirn, die bis zum Kropf reichen. Sie haben außerdem dunkle, schwarze Augen ohne Irisring. (Oder rote Augen ohne Irisring, wenn eine rotäugige Mutation vorliegt.) Opaline Wellensittiche oder rezessive Schecken weisen oft weniger von der typischen Streifung auf, wodurch man ihr Alter nicht zwingend an diesem Merkmal erkennen kann. Wenn du also einen möglichst jungen Vogel haben möchtest, dann achte auf den fehlenden Irisring und auf die Stirnstreifen. Das Federkleid sollte keine kahlen Flecken oder nachwachsende Federn zeigen.

Während des ersten Mauserns werden die Babyfedern mit den Stirnstreifen durch Federn ersetzt, die entweder vollständig weiß oder gelb sind. Das erste Anzeichen fürs Mausern sind die ersten Federkiele, die ungleichmäßig im Gefieder auftauchen. Menschen, die solche Federkiele noch nie gesehen haben, glauben, dass etwas mit dem Vogel nicht stimmt. Anhand seines Gefieders kannst du erkennen, wie weit der Vogel im Mauserprozess ist. Wenn viele Federn fehlen, dann steht er noch am Beginn. Je mehr Federkiele von neuwachsenden Federn zu erkennen sind, desto länger dauert die Mauser schon an.

Infektion oder eine Verstopfung des Magen-Darm-Trakts hindeuten. Der übermäßige Verzehr von wässrigem Obst kann auch zu einem vorübergehenden Durchfall führen, der in der Regel durch eine Ernährungsanpassung aufhört.

Normaler Kot: Der Kot deines Wellensittichs sollte relativ fest sein und schnell härten. Der Kot ist in der Regel grün, mit weißen Harnsäurekristallen und transparenter Flüssigkeit. Die Farbe kann sich je nach Futter ändern. Wässriger Kot ist ein Anzeichen für Durchfall, der

BERÜHMTE WELLIES
Churchills Wellensittiche

Sir Winston Churchill, Premierminister des Vereinigten Königreichs von 1940 bis 1945 und von 1951 bis 1955, war ein stolzer Wellensittichbesitzer. Der angesehene Staatsmann hatte Freude daran, seinen Wellensittich Toby zu trainieren und brachte ihm sogar bei, kleine Salzlöffel um den Esstisch zu tragen. Toby genoss einen Ehrenplatz im Büro des Premierministers und schlief in einem speziell angefertigten Käfig in Churchills Schlafzimmer.

normalerweise durch eine Ernährungsumstellung entsteht, zum Beispiel durch den übermäßigen Verzehr von wässrigem Obst. Allerdings können auch Darminfektionen schweren Durchfall verursachen.

Potenzielle Gesundheitsrisiken

Häufige Krankheiten

Obwohl Wellensittiche im Allgemeinen robuste Vögel sind, können sie an einer Reihe von bakteriellen und viralen Erkrankungen leiden. Wenn du über die häufigeren Krankheiten und Störungen, die diese Vögel potenziell betreffen können, Bescheid weißt, kannst du angemessene Maßnahmen ergreifen, bevor eine Krankheit ein ernsteres Stadium erreicht. Zu den häufigen Krankheiten gehören:

Aviäre Chlamydiose (AC): Diese Krankheit wird durch das Bakterium Chlamydia psittaci verursacht. Obwohl sie manchmal Papageienkrankheit genannt wird, befällt sie viele verschiedene Vogelarten und ist auch auf den Menschen übertragbar. Wellensittiche können sich durch direkten Kontakt mit einem anderen Vogel, der die Krankheit hat, oder durch den Aufenthalt in einem Außenkäfig anstecken, wo Kot von infizierten Tauben oder Spatzen das Futter oder Wasser des Wellensittichs verunreinigt. Die Krankheit wird oft zwischen Vögeln und auf Menschen übertragen, indem Staub eingeatmet wird, der getrockneten Speichel, Schleim oder Kot von infizierten Vögeln enthält. Direkter Kontakt mit Federn, Kot, Speichel und verunreinigtem Futter oder Wasser kann die Krankheit ebenfalls übertragen.

Zu den Symptomen gehören Appetitlosigkeit, Lethargie, Gewichtsverlust, aufgeplusterte Federn, laufender Ausfluss aus den Augen oder Nasenlöchern, loser grüner Kot und Atembeschwerden. Ein Tierarzt kann eine Kombination von Tests durchführen, um Chlamydiose zu diagnostizieren. Antibiotika werden häufig zur Behandlung der Krankheit verschrieben. Beim Menschen wird die Infektion als Psittakose oder Ornithose bezeichnet und die Symptome ähneln anderen Atemwegserkrankungen wie der Grippe. Antibiotika werden auch beim Menschen häufig zur Behandlung der Krankheit verschrieben und die meisten Menschen erholen sich schnell.

Bumblefoot/Pododermatitis: Bumblefoot, auch bekannt als Podo-dermatitis, ist eine Krankheit, die die Fußballen von Käfigvögeln betrifft. Die Krankheit ist bei größeren Papageien häufiger, aber Wellensittiche und Nymphensittiche sind ebenfalls anfällig. Wellensittiche, die in Käfi-gen gehalten werden, in denen alle Sitzstangen den gleichen Durchmes-ser haben, haben ein erhöhtes Risiko, Bumblefoot zu entwickeln, weil es einen relativ konstanten Kontaktpunkt zwischen den Sitzstangen und einem bestimmten Bereich des Fußes gibt. Sitzstangen, die nicht regel-mäßig gereinigt werden, sind auch eine potenzielle Infektionsquelle.

Die Infektion beginnt, wenn Bakterien durch beschädigtes Gewebe an der Unterseite der Füße in den Körper eindringen, was zu Rötung, Schwellung und Lahmheit führt. Im weiteren Verlauf kann sich die Haut am Fußballen verdicken, es können sich Geschwüre bilden und Schorf kann sich über den betroffenen Stellen bilden. Die regelmäßige Unter-suchung der Füße eines Wellensittichs kann helfen, frühe Anzeichen von Bumblefoot zu erkennen, bevor die Krankheit fortschreitet. Je nach Schwere der Erkrankung kann ein Tierarzt Antibiotika zur Bekämpfung der bakteriellen Infektion und entzündungshemmende Medikamente zur Reduzierung der Schwellung verschreiben.

Macrorhabdosis: Die Macrorhabdosis wird durch den Hefepilz Ma-crorhabdus ornithogaster verursacht. Diese hochansteckende Krankheit wurde früher „Going-Light-Syndrom" genannt, weil sie die Verdauung behindert und dazu führt, dass Vögel bei gleichbleibendem Appetit an Gewicht verlieren. Die Infektion wird oft durch verunreinigtes Trinkwas-ser, Kot und direkten Kontakt mit infizierten Vögeln übertragen. Zu den Symptomen gehören Lethargie, aufgeplusterte Federn, wiederholtes Er-brechen und unverdaute Samen im Kot.

Um eine Infektion zu diagnostizieren, kann ein Tierarzt eine Kotpro-be oder einen Abstrich aus dem Kropf oder der Kloake untersuchen, um das Vorhandensein von Macrorhabdus ornithogaster festzustellen. Klas-sischerweise werden Medikamente zur Behandlung von Pilzinfektionen, wie Amphotericin, in Kombination mit einer angepassten Ernährung zur besseren Heilung eingesetzt.

Candidiasis: Eine andere Pilzinfektion, die den Verdauungstrakt des Wellensittichs negativ beeinflussen kann, ist Candidiasis. Sie wird durch eine häufige Umwelthefe namens Candida albicans und gelegentlich auch durch andere Candida-Stämme verursacht. Candida albicans ist normalerweise harmlos und gehört zum Teil der natürlichen Mikroflora im Vogeldarm. Ein Ungleichgewicht in der normalen Mikroflora kann jedoch dazu führen, dass Candida außer Kontrolle gerät und eine lebensbedrohliche Infektion verursacht. Dies kann manchmal nach einer Antibiotikakur passieren, die unbeabsichtigt nützliche Darmbakterien abgetötet hat und es so Hefeorganismen ermöglicht, sich zu vermehren und auszubreiten. Krankheiten, die das Immunsystem eines Vogels beeinträchtigen, können auch zu einer sekundären Candidiasis-Infektion führen und übermäßiger Zucker oder zu viele Kohlenhydrate in der Ernährung können zu dem Problem beitragen. Candidiasis ist eine häufige Ursache für Kropfinfektionen bei jungen Wellensittichen, die als Ingulvitis bezeichnet wird.

Zu den Symptomen von Candidiasis gehören Appetitlosigkeit, Lethargie, aufgeplusterte Federn, Durchfall und Erbrechen. Das Erbrochene hat einen sauren Geruch und der Kropf kann durch die von der Hefe produzierten Gase anschwellen. Ein Tierarzt kann Candidiasis diagnostizieren, indem er Flüssigkeit aus dem Kropf oder Kot untersucht, um die beteiligten Organismen zu identifizieren. Die Behandlung umfasst Antimykotika und die Korrektur von Ernährungsungleichgewichten, um dem Vogel bei der Genesung zu helfen.

Knemidokoptesräude: Die knemidokoptische Räude, auch bekannt als Schnabelräude, Schnabelschwamm oder Krätze, ist eine parasitäre Infektion, die durch eine kleine, grabende Milbe namens Knemidokoptes pilae verursacht wird. Die Knemidokoptesräude befällt die Wachshaut, den Schnabel und die Füße mehrerer Arten von Ziervögeln, darunter Wellensittiche, Nymphensittiche, Unzertrennliche und Kanarienvögel. Die Krankheit wird in der Regel durch direkten Kontakt von Vogel zu Vogel übertragen. Sichtbare Anzeichen einer Infektion sind Schuppen und Krusten an der Wachshaut, dem Schnabel, den Beinen und der Haut um die Augen.

Ein Tierarzt kann die Krankheit diagnostizieren, indem er eine kleine Probe von der betroffenen Stelle nimmt und sie unter dem Mikroskop untersucht, um das Vorhandensein der Milben zu bestätigen. Antiparasitäre Medikamente, die Ivermectin enthalten, sind oft wirksam bei der Behandlung der Krankheit.

Aviäres Polyomavirus: Das aviäre Polyomavirus, auch bekannt als „Nestlingskrankheit" oder „französische Mauser", ist eine hochinfektiöse Krankheit, die verschiedene Papageienarten betrifft. Junge Wellensittiche sind oft stark betroffen. Das Virus kann durch kontaminierten Federstaub, Kot und Futter übertragen werden, das junge Vögel von infizierten Erwachsenen gefüttert bekommen. Die Krankheit tötet typischerweise Nestlinge und Jungvögel.

Infizierte Vögel hören möglicherweise auf zu fressen, können unter der Haut bluten, Futter hochwürgen und zittern. Junge Wellensittiche, die die anfängliche Infektion überleben, bilden gelegentlich keine normalen Schwung- und Deckfedern. Erwachsene Vögel können das Virus ohne Symptome zu zeigen tragen und infizierte Wellensittichhennen können das Virus durch ihre Eier weitergeben. Ein Tierarzt kann einen Kloakenabstrich nehmen oder Blut abnehmen, um auf das Vorhandensein von Polyomaviren zu testen. Es gibt keine definitive Behandlung für die Krankheit.

Gesundheitsprobleme

Eine ausgewogene Ernährung spielt eine wesentliche Rolle bei der Erhaltung der Gesundheit deines Wellensittichs und der Förderung der Langlebigkeit. Wellensittiche sind anfällig für eine Vielzahl von ernährungsbedingten Problemen und einige davon können tödlich sein. Du kannst das Risiko vieler häufiger Ernährungsstörungen reduzieren, indem du sicherstellst, dass dein Wellensittich die essentiellen Vitamine und Mineralien erhält, die er benötigt.

Gicht: Alle Vögel produzieren Harnsäure bei der Verstoffwechselung von Proteinen. Normalerweise wird dieses Abfallprodukt von den Nieren gefiltert und ausgeschieden. Gicht tritt auf, wenn die Menge an Harnsäure im Blut zu hoch ist und die Nieren sie nicht mehr erfolgreich filtern können. Harnsäurekristalle beginnen sich in den Bändern und Gelenken oder um die Leber und Nieren herum zu bilden. Zu den Symptomen von Gicht gehören Probleme beim Gehen, geschwollene Gelenke, Gewichtsverlust, aufgeplusterte Federn und grünlicher Durchfall. Gicht ist in der Regel auf Nierenschäden zurückzuführen, die durch zu viel Salz, Eiweiß oder Kalzium in der Ernährung entstehen können. Auch zu wenig Wasser oder Wasser mit einem hohen Mineralgehalt kann die Nieren des Vogels schädigen.

Übergewicht: Obwohl Wellensittiche kleine Vögel sind neigen sie zu Fettleibigkeit. Dies passiert schnell, wenn sie mit einer fettreichen Ernährung gefüttert werden und nur begrenzte Möglichkeiten zur Bewegung haben. Neben einem erhöhten Risiko für Arthritis, Herzerkrankungen und Atemprobleme kann Fettleibigkeit auch zu einer Fettleber (Hepatische Lipidose) führen. Wenn du Schwierigkeiten hast, das Brustbein deines Wellensittichs zu fühlen, das sich in der Mitte des Brustkorbs befindet, könnte dein Vogel zu viel Fett mit sich rumtragen.

Der durchschnittliche Wellensittich wiegt zwischen 40 und 50 Gramm. Ein Wellensittich, der 57 Gramm oder mehr wiegt, gilt bereits als übergewichtig. Eine langsame Umstellung deines Wellensittichs auf eine ausgewogene Ernährung, die Obst und Gemüse enthält, und ihm mehr Bewegungsmöglichkeiten können ihm helfen, überschüssiges Gewicht zu verlieren.

Legenot: Legenot ist ein ernsthafter und manchmal tödlicher Zustand, der auftritt, wenn eine Wellensittichhenne nicht in der Lage ist, ein fertig entwickeltes Ei abzulegen. Zu den Symptomen der Legenot gehören Schwellung des Bauches, aufgeplusterte Federn, Sitzen auf dem Käfigboden, Appetitlosigkeit und schnelle Atmung. Bringe deinen Wellensittich umgehend zu einem Tierarzt, wenn du eine Legenot vermutest. Bei schneller Behandlung überleben die meisten Hennen.

Ernährungsprobleme sind eine häufige Ursache für Legenot. Unzureichendes Kalzium in der Ernährung kann dazu führen, dass sich ein Ei mit einer sehr dünnen Schale oder gar keiner Schale entwickelt, wodurch das Ei eher steckenbleiben kann. Platziere eine Sepiaschulpe oder einen Mineralblock in den Käfig deines Wellensittichs, um das Kalzium zu liefern, das benötigt wird, um gesunde Eier zu produzieren.

Rupfen: Wellensittiche verbringen jeden Tag etwas Zeit damit, ihre Federn zu putzen, um sie in gutem Zustand zu halten. Das Rupfen der Federn ist jedoch ein abnormales, selbstzerstörerisches Verhalten und eine relativ häufige Störung bei Ziervögeln. Wenn du bemerkst, dass dein Wellensittich seine Federn rupft oder absichtlich beschädigt, dann bringe deinen Vogel zu einem Tierarzt, um die zugrunde liegende Ursa-

che zu ermitteln.

Federrupfen kann durch Langeweile, Stress, Hauterkrankungen oder andere zugrunde liegende Gesundheitsprobleme ausgelöst werden. Auch Nährstoffmängel können zu Federrupfen führen. Vögel, die nicht genügend Kalzium oder Vitamin A über ihre Ernährung erhalten, neigen eher zum Federrupfen. Platziere eine Sepiaschulpe oder einen Mineralblock in den Käfig deines Wellensittichs, um das notwendige Kalzium zu liefern, und ergänze seine Ernährung mit kleinen Portionen Obst und Gemüse, darunter Spinat, Süßkartoffel, Paprika, Brokkoli und Karotten.

Vitamin-A-Mangel: Vitamin A ist ein äußerst wichtiger Nährstoff für Wellensittiche. Vitamin A ist essentiell für die Erhaltung gesunder Augen, Haut, Knochen und Schleimhäute. Da der vom Wellensittich natürlich produzierte Schleim eine Schutzschicht bildet, die dazu beiträgt, Bakterien und andere schädliche Organismen vom Eindringen in den Körper abzuhalten, ist ein Vogel, der nicht genügend Vitamin A erhält, anfälliger für Infektionen.

Zu den häufigen Symptomen eines Vitamin-A-Mangels gehören trokkene Haut, Nasenausfluss, Niesen, geschwollene Augen, Atemprobleme, wässriger Kot, schlechte Federqualität und Federrupfen. Die Ergänzung der Ernährung deines Wellensittichs mit gesundem Obst und Gemüse kann dazu beitragen, einen Vitamin-A-Mangel zu verhindern.

Jodmangel: Wellensittiche sind anfälliger für Jodmangel als viele andere Arten von Käfigvögeln. Der Körper eines Wellensittichs benötigt Jod, um Schilddrüsenhormon zu produzieren. Wenn in der Ernährung nicht genügend Jod vorhanden ist, kann die Schilddrüse größer werden, um mehr Jod zu sammeln. Die Vergrößerung der Schilddrüse wird als Kropf oder Schilddrüsenhyperplasie bezeichnet.

Das Hauptsymptom eines Kropfes sind Atembeschwerden, die dadurch entstehen, dass die vergrößerte Schilddrüse Druck auf die Luftröhre des Vogels ausübt. Ein Wellensittich mit Kropf kann auch ein Pfeifen oder Quietschen beim Atmen entwickeln. Weitere Symptome können Erbrechen, Lethargie und Schluckbeschwerden umfassen. Wenn ein Teil der ausgewogenen Ernährung deines Vogels aus pelletiertem Vogelfutter besteht, das für Wellensittiche formuliert ist, überprüfe, ob die Pellets, die du kaufst, mit Jod angereichert sind. Alternativ kannst du einen Mineralblock, der Jod und Kalzium enthält, in den Käfig deines Wellensittichs stellen, um diese kritischen Nährstoffe bereitzustellen.

Tumore und Krebs

Ein Tumor ist eine feste Gewebemasse oder Schwellung, die sich bildet, wenn abnormale Zellen außer Kontrolle geraten. Tumore können am Körper, unter der Haut oder innerhalb der Körperhöhle auftreten. Obwohl Tumore und Krebs bei Ziervögeln nicht so häufig vorkommen wie bei Hunden und Katzen, treten sie dennoch auf. Wellensittiche sind anfällig für Tumore der (Neben-)Nieren, Fettzellen, Eierstöcke und Hoden. Ältere Wellensittiche entwickeln mit größerer Wahrscheinlichkeit einen Tumor, aber sie können bei Vögeln jeden Alters auftreten. Tumore können gutartig oder bösartig sein. Gutartige Tumore werden in der Regel als weniger schwerwiegend angesehen als bösartige Tumore. Aufgrund ihrer geringen Größe können jedoch beide Arten für Ziervögel lebensbedrohlich sein.

Gutartige Fetttumore, sogenannte Lipome, treten häufig bei Wellensittichen auf, die eine fettreiche Ernährung haben. Sie entwickeln sich in der Regel unter der Haut des Brustbeins oder am Bauch, können aber auch überall am Körper auftreten. Der Tumor kann als kleine Beule sichtbar sein, oder der Vogel scheint einfach nur fett zu werden. Wenn sie früh erkannt werden, können Lipome oft erfolgreich reduziert werden, indem der Vogel auf eine ausgewogene, fettarme Ernährung umgestellt wird, die aus Pellets, Samen, Gemüse und kleinen Portionen Obst besteht. Regelmäßige Bewegung kann einem Wellensittich helfen, überschüssiges Gewicht zu verlieren. Eine chirurgische Entfernung kann notwendig sein, wenn ein Tumor durch die Haut gebrochen ist oder es einem Vogel schwer macht, zu laufen oder das Gleichgewicht zu halten.

Äußere Tumore sind relativ leicht zu erkennen. Überprüfe deinen Wellensittich regelmäßig auf ungewöhnliche Beulen oder Schwellungen und bringe deinen Vogel zu einem Tierarzt zur Untersuchung, wenn du etwas Ungewöhnliches siehst oder fühlst. Wenn ein Tierarzt feststellt, dass eine Beule verdächtig ist, kann eine Biopsie notwendig sein, um das Problem genau zu diagnostizieren. Innere Tumore können schwieriger zu erkennen sein. Einige Symptome sind die gleichen wie bei vielen anderen Krankheiten, darunter Lethargie, Appetitlosigkeit und Gewichtsverlust. Dazu können ein vergrößerter Bauch, Atembeschwerden oder Schwierigkeiten beim Gehen oder Stehen auftreten.

Um die Problemursache zu identifizieren ist der Besuch bei einem Tierarzt notwendig. Zu den diagnostischen Tests können Bluttests, Röntgenaufnahmen oder ein Ultraschall gehören. Nachdem ein Tumor festgestellt wurde, wird oft eine Operation empfohlen. Andere Behandlungsmöglichkeiten für bösartige Tumore können Chemotherapie, Strahlentherapie und synthetische Hormoninjektionen umfassen, um den Tumor zu verkleinern und das Leben zu verlängern.

Expertenrat:

Pflege alter Wellensittiche

Mit zunehmendem Alter benötigen Wellensittiche aufmerksame Pflege für Gesundheit und Wohlbefinden. Halter sollten die Ernährung überwachen, sie zur Vermeidung von Übergewicht anpassen und nährstoffreich gestalten. Regelmäßige Tierarztbesuche sind empfehlenswert, um altersbedingte Gesundheitsprobleme früh zu erkennen. Die Umgebung muss möglicherweise an Mobilitätsprobleme wie Arthritis angepasst werden, durch flache Sitzstangen oder veränderte Käfigeinrichtung für leichtere Navigation. Die Beobachtung von Verhalten und körperlicher Verfassung hilft bei notwendigen Anpassungen der Pflegeroutine.

> *Solange dein Vogel im Alter nicht unsicher auf den Füßen ist oder Probleme beim Fliegen bekommt, kannst du mit der gewohnten Pflege fortfahren. Falls der Vogel jedoch Hilfe bei der Fortbewegung benötigt, könntest du Leitern im Käfig anbrin-gen, damit er sich leichter bewegen kann. Möglicherweise solltest du zu diesem Zeitpunkt auch das Flügelstutzen reduzieren, aber das hängt vom einzelnen Vogel ab. Achte darauf, wie sich dein Wellensittich fortbewegt, und tue, was du kannst, um es ihm leichter zu machen."*

ANITA GOLDEN,
formerly Nita's Nest

> *Wellensittiche sollten mindestens einmal im Jahr für eine Vorsorgeuntersuchung zu einem Vogelmediziner. Wiege deinen Wellensittich wöchentlich und führe eine Gewichtstabelle, damit du das Gewicht von Woche zu Woche vergleichen kannst. Notiere außerdem, was dein Wellensittich frisst und wie sein täglicher Ablauf aus-sieht (Herumfliegen, Spielen außerhalb des Käfigs usw.). Achte bei älteren Wellen-sittichen besonders auf gesunde Füße (verwende verschiedene Sitzstangentypen, um Ballenentzündungen zu vermeiden) und stelle sicher, dass keine Zugluft in der Nähe des Käfigs vorhanden ist."*

DIANE P HYDE,
Long Island Parrot Society

KAPITEL 9

Die Freude an Wellensittichen

Liebe von deinem Wellensittich

Zuneigung

Menschen zeigen ihre Zuneigung auf viele verschiedene Arten: durch körperliche Berührung, Geschenke, Gespräche und Gesang sowie durch gemeinsam verbrachte Zeit. Menschen sind nicht die einzigen Lebewesen, die Zuneigung ausdrücken können. Auch wenn Tiere ihre

Gefühle nicht genau auf dieselbe Weise vermitteln wie wir, zeigen sie eine Vielzahl von Verhaltensweisen, die starke emotionale Bindungen zu Artgenossen und anderen Spezies demonstrieren. Wellensittiche sind von Natur aus anhänglich und zeigen ihre Zuneigung auf verschiedene Weise. Ihr Verhalten kann jedoch für diejenigen verwirrend sein, die mit den Lauten und visuellen Signalen, die sie zur Kommunikation mit anderen Vögeln und Menschen verwenden, nicht vertraut sind.

Wellensittiche sind gesellige Vögel. Eine der wichtigsten Arten, wie sie mit ihren Schwarmgenossen kommunizieren, ist durch Geräusche. Wie viele andere Tiere nutzen Wellensittiche Lautäußerungen, um ihre Zuneigung zu bekräftigen. Sie zwitschern, pfeifen, trillern und singen, wenn sie glücklich und entspannt sind. Sie nutzen auch diverse Geräusche, wenn sie mit anderen Vögeln oder ihren menschlichen Betreuern interagieren möchten. Manchmal drücken sie Zufriedenheit durch ein sanftes, knackendes Geräusch mit ihren Schnäbeln aus, bevor sie einschlafen. Das Geräusch, das sie beim Schnabelwetzen erzeugen, mag für unsere Ohren seltsam klingen, ist aber ein deutliches Zeichen dafür, dass sich ein Wellensittich sicher und geborgen fühlt.

Wellensittiche nutzen ihre Schnäbel auch auf andere Weise, um soziale Bindungen zu stärken. Zwei Wellensittiche knabbern möglicherweise sanft aneinander oder tippen ihre Schnäbel aneinander als Zeichen der Zuneigung. Wenn sie sich wirklich mögen, würgt ein Wellensittich vielleicht Futter hoch und teilt es mit einem Freund als Geste tiefen Respekts und Verbundenheit.

Menschen und viele Tiere nutzen auch Blickkontakt, um verschiedene Emotionen auszudrücken. Wellensittiche und andere Papageien verwenden eine Form der nonverbalen Kommunikation, die als „Pupillenspiel" bezeichnet wird, um ihren aktuellen Gefühlszustand zu offenbaren. Wenn ein Wellensittich seine Augen „pinnt", dann weiten und verengen sich

BERÜHMTE WELLIES
Sparkie Williams

Ein redegewandter Wellensittich namens Sparkie Williams erlangte internationale Berühmtheit, als er in einer Werbekampagne für Capern's Vogelfutter auftrat. Inhalt der Werbekampagne war eine Sprachaufnahme von Sparkie, die Vögeln das Sprechen beibringen sollte, und verkaufte über 20.000 Exemplare. Sparkie, bekannt als „der gesprächigste Vogel aller Zeiten", lebte von 1954 bis 1962 und konnte mehr als 500 Wörter sprechen. Dieser bemerkenswerte Vogel inspirierte auch die 1977 erschienene Oper „Pretty Talk" von Michael Nyman. Nach seinem Tod am 4. Dezember 1962 wurde Sparkie präpariert und in einem Museum in Newcastle ausgestellt.

die Pupillen schnell. Dies zeigt normalerweise an, dass ein Vogel glücklich, aufgeregt oder intensiv neugierig auf einen anderen Vogel oder ein Tier, einen Menschen oder ein unbelebtes Objekt ist.

Wellensittiche setzen eine Vielzahl von körperlichen Bewegungen und Gesten ein, um ihre Zuneigung zu vermitteln. Sie können an Ort und Stelle stehen und mit den Flügeln schlagen, wenn sie glücklich sind oder Aufmerksamkeit wollen und sie können wie ein Hund mit dem Schwanz wedeln, wenn sie sich freuen. Gegenseitige Gefiederpflege ist ein weiteres Verhalten, das Wellensittiche nutzen, um soziale Bindungen zu stärken. Obwohl es dem praktischen Zweck dient, ihr Gefieder in gutem Zustand zu halten, ist die gegenseitige Gefiederpflege auch eine der wichtigsten Arten, wie Wellensittiche ihre Zuneigung gegenüber potenziellen Partnern und engen Gefährten zeigen.

Liebe zu Besitzern

Wellensittiche zeigen Menschen gegenüber Zuneigung auf ähnliche Weise wie untereinander. Wellensittiche sind intelligente Vögel und können die Gesichter und Stimmen derer erkennen, die sich um sie kümmern. Sobald dein Wellensittich sich in deiner Gegenwart wohlfühlt und gelernt hat, dir zu vertrauen, wird er beginnen, eine starke emotionale Bindung zu dir aufzubauen. Eine Art, wie Wellensittiche ihre Zuneigung zu ihren Besitzern zeigen, ist durch Pfeifen und andere Geräusche, wenn

diese den Raum betreten. Wenn du deinem Wellensittich beibringst zu pfeifen oder einige Wörter und Sätze zu sagen, wird er diese wahrscheinlich wiederholen, wann immer du erscheinst, um zu zeigen, wie glücklich er ist, dich zu sehen.

Wellensittiche mögen körperlichen Kontakt mit den Menschen, denen sie vertrauen. Wenn sie zum Trainieren oder Spielen aus dem Käfig gelassen werden, setzen sie sich vielleicht auf deine Schulter, klettern auf dir herum, reiben ihren Kopf an dir und versuchen sogar, dein Haar oder deine Kleidung zu putzen. Sanftes Knabbern mit ihrem Schnabel, ohne zu beißen, ist ein weiteres Zeichen der Zuneigung. Du kannst deine Wertschätzung für diese Gesten zeigen, indem du den Kopf deines Vogels sanft kratzt, besonders wenn er seinen Kopf vor dir senkt, um zu signalisieren, dass er gestreichelt werden möchte.

Wenn du bemerkst, dass dein Wellensittich kopfüber in seinem Käfig hängt, ist das ein weiteres Zeichen dafür, dass dein Vogel dich mag. Vögel hängen gelegentlich gerne kopfüber. Eigentlich bringt diese Haltung sie in eine verletzliche Position, weswegen sie dies nur tun, wenn sie sich sicher fühlen. Wie Menschen genießen Wellensittiche die Zeit mit ihren Gefährten. Versuche daher, jeden Tag etwas Zeit mit deinem Wellensittich zu verbringen, um eine starke und dauerhafte Bindung aufzubauen.

Liebe zu anderen Wellensittichen

Wellensittiche genießen normalerweise die Gesellschaft anderer und zeigen ihre Zuneigung auf viele verschiedene Arten. Gefährten sitzen oft nebeneinander und plaudern miteinander wie zwei alte Freunde auf einer Parkbank. So wie Menschen gerne gemeinsam essen, fressen Wellensittiche oft zusammen mit einem engen Freund. Während der Balz geht ein männlicher Wellensittich noch einen Schritt weiter, indem er hochgewürgtes Futter an eine potenzielle Partnerin verfüttert, um zu zeigen, dass er ein guter Versorger ist. Das Teilen von Nahrung beschränkt sich nicht auf Balzrituale, denn es ist auch ein häufiges Zeichen der Zuneigung zwischen befreundeten Wellensittichen.

Menschen singen und tanzen gerne mit ihren Freunden. Wellensittiche sind da nicht anders. Wellensittiche singen, wenn sie glücklich sind und sich in ihrer Umgebung wohlfühlen. Sie singen, hüpfen herum und wippen mit dem Kopf, wenn sie die Gesellschaft eines anderen Vogels genießen. Auch dies kann Teil einer Balz sein, aber männliche Wellensittiche singen und tanzen auch gerne für männliche Freunde oder einfach, um anzugeben. Wellensittiche pflegen und putzen ihr Gefieder

Foto Von
Diana Cook

mehrmals am Tag und sie nutzen soziale Gefiederpflege, um emotionale Bindungen mit Partnern und engen Freunden zu stärken, unabhängig vom Geschlecht. Wellensittiche lieben es, sich gegenseitig zu putzen, wobei sie besonders auf die Bereiche am Kopf und im Gesicht achten, die ein einzelner Vogel selbst nicht erreichen kann.

Wellensittiche haben jedoch individuelle Persönlichkeiten und manchmal verstehen sich zwei Vögel einfach nicht, selbst wenn sie schrittweise aneinander gewöhnt wurden, um territoriale Konflikte zu vermeiden. Wenn zwei Vögel sich anschreien, auf unfreundliche Weise picken, beißen oder anfangen zu kämpfen, musst du sie in separate Käfige setzen. Du kannst versuchen, sie ein anderes Mal schrittweise aneinander zu gewöhnen und ihr Verhalten genau beobachten, um festzustellen, ob sie im selben Käfig zusammen sein können oder getrennt bleiben sollten.

Kuscheln und Küssen

Wenn Wellensittiche sich mögen, sitzen sie oft zusammen auf einer Stange und kuscheln sich eng aneinander. Während Wellensittiche körperlichen Kontakt mit anderen Wellensittichen und mit Menschen genießen, sind sie zarte Vögel und müssen vorsichtig behandelt werden. Sie haben auch ausgeprägte Persönlichkeiten und manche Wellensittiche mögen es nicht, angefasst zu werden. Sie hochzunehmen, um sie zu halten oder zu kuscheln, kann sie erschrecken. Aber auch wenn einige Wellensittiche nicht gerne angefasst werden, genießen sie vielleicht trotzdem, zu ihren eigenen Bedingungen, bestimmte Arten von körperlichem Kontakt. Sie fliegen vielleicht auf deine Schulter und kuscheln sich an deinen Hals oder setzen sich auf deinen Finger, um ihre Zuneigung zu zeigen. Wellensittiche scheinen sich auch gegenseitig zu „küssen", indem sie ihre Schnäbel aneinander tippen oder ihre Schnäbel ineinander verhaken, um Futter zu teilen.

Wellensittiche versuchen manchmal, Menschen auf die gleiche Weise zu küssen. Wenn du deinen Wellensittich küssen möchtest, gib ihm einen sanften Kuss auf den Kopf und nicht auf den Schnabel. Das Küssen deines Vogels auf den Schnabel kann menschlichen Speichel über-

tragen, der Tausende verschiedener Bakterien enthält, die Vögel nicht haben, und ihr Immunsystem kann sie nicht schützen. Es besteht auch die Möglichkeit, dass dein Wellensittich eine Infektion auf dich überträgt. Psittakose ist eine Krankheit, die Vögel aus der Papageienfamilie bekommen können, und die Krankheit kann auf Menschen übertragen werden. Die Symptome können von mild bis schwerwiegend reichen.

Interessante Fakten über Wellensittiche

Interessante Fakten

- Obwohl alle Wellensittiche Sittiche sind, sind nicht alle Sittiche Wellensittiche. Es gibt etwa 115 verschiedene Sitticharten auf der ganzen Welt und sie kommen in verschiedenen Formen, Größen und Farben vor.

- Wellensittiche haben zwischen 2.000 und 3.000 Federn.
- Es gibt zwei verschiedene Arten von Wellensittichen: den traditionellen Wellensittich, den man üblicherweise in Zoohandlungen sieht, und den größeren englischen Wellensittich, der für Schauen und Ausstellungen gezüchtet wurde. Der traditionelle Wellensittich ist etwa 18 bis 23 cm groß, während der englische Wellensittich etwa 25 bis 30 cm groß ist.
- Wellensittiche gehören zu den beliebtesten Haustieren der Welt und liegen direkt hinter Hunden und Katzen.
- Man kann einen männlichen Wellensittich oft von einem weiblichen Wellensittich durch die Farbe des fleischigen Bereichs direkt über dem Schnabel unterscheiden, der als Wachshaut bezeichnet wird. Ein männlicher Wellensittich hat normalerweise eine blaue Wachshaut und ein weiblicher Wellensittich hingegen eine weiße, rosa oder braune Wachshaut.
- Budgerigar ist der formellere Name für einen Wellensittich. Der Name stammt von „betcherrygah" und ist die Bezeichnung in der Sprache der australischen Aborigines für diese Vögel.
- Ein Wellensittich namens Charlie lebte über 29 Jahre lang, länger als jeder andere Wellensittich.

- Die meisten Vögel haben drei Zehen, die nach vorne zeigen, und eine Zehe, die nach hinten zeigt. Wellensittiche und andere Papageien haben zwei Zehen, die nach vorne zeigen, und zwei Zehen, die nach hinten zeigen.
- Wellensitticheier sind mit winzigen Löchern bedeckt, die Sauerstoff in die Schale lassen und Kohlendioxid herauslassen. Dies ermöglicht es den Wellensittichküken, zu atmen, während sie innerhalb der Eierschale wachsen.
- Obwohl Menschen es gewohnt sind, Wellensittiche in einer Vielzahl von Farben in Zoohandlungen zu sehen, ist die natürliche Farbe wilder Wellensittiche in Australien leuchtend gelb und grün mit schwarzen Markierungen auf den Flügeln.
- Wellensittiche können ihren Kopf um 180 Grad drehen, um in alle Richtungen zu schauen. Du kannst beobachten, wie Wellensittiche ihren Kopf drehen und mit ihrem Flügel bedecken, wenn sie sich zum Schlafen vorbereiten.
- Die Herzfrequenz eines gesunden Wellensittichs liegt bei etwa 275 Schlägen pro Minute in Ruhe und bei etwa 600 Schlägen pro Minute beim Fliegen oder Trainieren.
- Wellensittiche können besser sprechen lernen als einige größere Papageien. Ein Wellensittich namens Puck hält den Rekord für den größten Wortschatz aller Vögel. Er konnte 1.728 Wörter sagen!
- Wellensittiche machen ein kratzendes Geräusch mit ihren Schnäbeln, wenn sie zufrieden und entspannt sind. Dieses Verhalten hilft ihnen, ihre Schnäbel zu trimmen und in der richtigen Form zu halten.

Fazit

Was haben Wellensittiche an sich, dass sie die Herzen von Haustier-besitzern auf der ganzen Welt immer wieder erobern? Liegt es daran, dass sie klein und pflegeleicht sind? Oder weil sie hochintelligent und leicht zu trainieren sind? Oder liegt es daran, dass sie gesellig und an-hänglich sind und es lieben, Zeit mit ihren Besitzern zu verbringen?

Sicherlich tragen all diese Eigenschaften zur anhaltenden Beliebt-heit des Wellensittichs bei, aber vielleicht gibt es noch andere Gründe, die schwieriger zu definieren sind. Neuere Studien haben gezeigt, dass das Sehen und Hören von Vögeln mit einer verbesserten psychischen Gesundheit verbunden ist und dass die Interaktion mit Vögeln tenden-ziell eine beruhigende Wirkung auf Menschen hat. Kein Wunder, dass Menschen seit Tausenden von Jahren verschiedene Papageienarten als Haustiere halten.

Da Wellensittiche verspielt sind und starke Bindungen zu ihren Be-sitzern aufbauen, sind sie großartige Haustiere für Familien mit Kindern, die alt genug sind, um zu verstehen, wie man sanft mit ihnen umgeht. Im Gegensatz zu größeren Haustieren, die mehr Platz zum Bewegen brau-chen, können Wellensittiche in einem kleinen Raum ausreichend Bewe-gung bekommen, sodass sie perfekt für kleine Häuser oder Wohnungen geeignet sind. Wellensittiche gibt es in verschiedenen wunderschönen Farben, und allein ihre Anwesenheit wird jeden Raum aufhellen.

Wellensittiche haben aufgrund ihrer geringen Größe einen beschei-denen Appetit und ihre Ernährung basiert auf Körnern, sodass ihre Füt-terung relativ kostengünstig ist. Indem du deinem Wellensittich eine ausgewogene Ernährung aus Pellets, Körnern, kleinen Portionen Obst und Gemüse sowie einen Mineralstein für essentielle Nährstoffe anbie-test, wirst du ihn viele Jahre lang glücklich und gesund halten. Obwohl die Pflege eines Wellensittichs mit Verantwortung einhergeht, ist es auch eine wunderbare Erfahrung, die große Freude in dein Leben brin-gen wird.

www.ingramcontent.com/pod-product-compliance
Lightning Source LLC
Chambersburg PA
CBHW071756120626
46550CB00002B/809